Dados Internacionais de Catalogação na Publicação (CIP)
(Câmara Brasileira do Livro, SP, Brasil)

Hortelano, Xavier Serrano
Contato, vínculo, separação / Xavier Serrano Hortelano ; l
tradução de Silvana Finzi Foá l. — São Paulo : Summus,
1997.

Título Original: Contacto, vinculo, separación.
Bibliografia
ISBN 85-323-0606-3

1. Psicologia infantil 2. Psicoterapia 3. Reich, Wilhelm,
1897-1957 I. Título

96-4725

CDD-150.195

Índices para catálogo sistemático:
1. Psicologia reichiana : Psicanálise : Teoria : Psicologia   150.195

Xavier Serrano Hortelano

Contato, Vínculo, Separação

Sexualidade e Autonomia Egóica

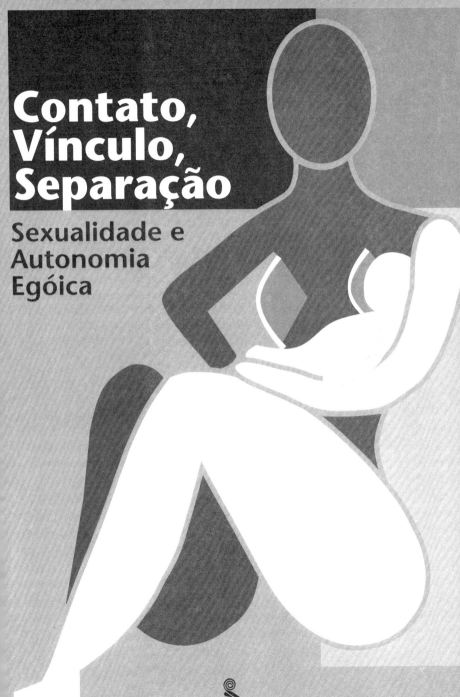

summus editorial

Do original em língua espanhola
CONTACTO, VÍNCULO, SEPARACIÓN
Copyright © 1994 by Xavier Serrano Hortelano
Publicaciones Orgón de la Escuela Española de Terapia Reichiana

Tradução de:
Silvana Finzi Foá

Revisão técnica de:
Yvonne Vieira

Capa de:
BVDA/Brasil Verde

Proibida a reprodução total ou parcial
deste livro, por qualquer meio e sistema,
sem o prévio consentimento da Editora.

Direitos para a língua portuguesa
adquiridos por
SUMMUS EDITORIAL LTDA.
Rua Cardoso de Almeida, 1287
05013-001 — São Paulo, SP
Telefone (011) 872-3322
Caixa Postal 62.505 — CEP 01214-970
que se reserva a propriedade desta tradução

Impresso no Brasil

A minha filha Íris e a meu filho Daniel,
com esperança.

SUMÁRIO

Prefácio à edição brasileira — F. Navarro	9
Prefácio — Maite S. Pinuaga	11
Introdução: Sexualidade e autonomia do ego	13
I. Antecedentes históricos	19
Algumas elaborações psicanalíticas	19
Enfoques libertários	31
Rumo à teoria da auto-regulação	32
II. A. S. Neill e W. Reich: a teoria da auto-regulação	35
A. S. Neill (1893-1973) e a escola Summerhill	35
Wilhelm Reich (1897-1957)	44
III. Estruturas humanas e caráter	59
Estrutura psicótica	63
Estrutura *borderline* (capa caracterial)	68
Estrutura caracterial neurótica	74
IV. A economia energético-sexual no desenvolvimento infantil	77
Gravidez e vida intra-uterina	77
Passagem intra/extra-uterina: o parto	85
Maternagem e oralidade	90
Genitalidade infantil	96
Apêndice: Contato, vínculo, separação	99
Bibliografia	101
Sobre o autor	107

PREFÁCIO À
EDIÇÃO BRASILEIRA

O título deste livro é emblemático do processo existencial do ser humano. O homem estará completamente alienado se não for capaz de contato com o Outro, capacidade essa que se adquire na vida intra-uterina, em conseqüência da disponibilidade e aceitação, pela mãe, do fruto da concepção. Quando não há tal aceitação, o indivíduo nasce com um núcleo psicótico, e a característica psicótica é a incapacidade de verdadeiro contato, que traz a potencialidade de comunicação. É no vínculo com a figura materna que aprendemos a nos comunicar. Por sua vez, a maternagem deficitária cria condições de dependência (por uma necessidade primária insatisfeita) e a incapacidade, a impossibilidade de estruturar um Eu capaz de se exprimir e se afirmar: é o que acontece na estrutura *borderline*.

As condições de formação e amadurecimento do Eu são *indispensáveis* para se conseguir afirmar, quando da separação da figura materna, a autonomia e a independência individual. A consciência da importância da separação *sem medo* significa também a aceitação da separação final, ou seja, a morte!

Com este livro, Xavier Serrano, um de meus alunos mais brilhantes e preparados, dá uma valiosa contribuição à prevenção da psicopatologia social e portanto à ecologia humana, sem a qual os outros aspectos da ecologia são, por sua fragilidade, praticamente inúteis!

Federico Navarro

PREFÁCIO

Como responsável pela área de profilaxia da EsTeR [Escola Espanhola de Terapia Reichiana], tenho o prazer de prefaciar esta obra, que considero uma síntese rica, clara e acessível do desenvolvimento de uma pesquisa, ainda em curso, sobre o processo de amadurecimento humano, numa perspectiva funcional e holística da saúde. Além disso, por minha proximidade afetiva e existencial com o autor, Xavier Serrano Hortelano, que, apesar de sua juventude, é considerado um especialista, tanto no exercício da clínica reichiana (vegetoterapia caractero-analítica) como no ensino desta disciplina. Também pesquisador e observador atento da evolução do trabalho de profilaxia infantil que vimos realizando nesta Escola desde 1981, por iniciativa do autor e minha. Deu importantes contribuições, enriquecendo o campo teórico com: a) a concepção da oralidade como oralidade primitiva, primária e secundária; b) diagnóstico segundo estruturas (DIDE); c) prevenção para uma boa gestação, parto e amamentação; d) a tese do "édipo positivo e referencial" e a diferenciação sexual anatômica na fase oral.

Em *Contato, vínculo, separação*, o autor mostra-nos o que ocorre nos momentos vitais da existência primitiva e infantil humana (gênese da existência pessoal e do desenvolvimento pessoal adulto) e quais são as exigências básicas de "contato energético", da vivência do apego, do vínculo — fontes de vida na dimensão neurofisiológica do desenvolvimento — e de separação funcional e paulatina, promovendo a autonomia e o definitivo sentimento do ego.

Quando, sob o mesmo título, Xavier Serrano Hortelano apresentou um trabalho no curso de "Cuidado materno-infantil" da Universidade de Verão de San Sebastián (1992), na área de profilaxia infantil da EsTeR consideramos muito positivo o seu conteúdo e o incentivamos a ampliar o texto para publicação, por sua utilidade para a divulgação dos aspectos teóricos e de alguns dados básicos de nossa práxis, como início e base de um futuro projeto editorial mais amplo.

A raiz mais profunda da desumanização e sofrimento de nossa espécie talvez esteja justamente na ignorância do "sobreviver" dentro da "grande armação" (de que nos fala W. Reich em seu livro *El asesinato de Cristo*). Da leitura desse livro pode-se deduzir como o conjunto de carências e/ou limitações, em relação à satisfação instintiva do organismo intra-uterino, do recém-nascido, lactente, criança e adolescente compõem, peça a peça, essa estrutura.

Procuramos fazer com que esta publicação coincidisse com a realização das primeiras jornadas sobre "Saúde e ecologia infantil", devido à convergência de seus temas. Muito se fala em preservação da natureza, das espécies ameaçadas de extinção, do cosmo. Mas o certo é que, apenas quando se sente a vida é possível respeitá-la, e salvá-la se torna então um imperativo natural. Ocorre, porém, que o próprio ser humano perdeu ou enfraqueceu seu "contato" com as sensações que o ligam à vida. Dentro das estruturas humanas a vida encontra-se fraca ou doente. Nossa cultura, por suas estruturas fechadas e autoritárias, como a família e a escola (que hoje talvez tenham mudado de forma, não de conteúdo), desnaturalizam a natureza animal humana, e para recuperá-la é necessário estudar a ecologia infantil. Como contribuição, nesse sentido, tome-se esta obra de Xavier Serrano Hortelano.

Maite Sánchez Pinuaga
Valencia, abril de 1994

INTRODUÇÃO

Sexualidade e autonomia do ego

Psicanalistas como Ferenczi, Greenacre, Spitz, Bowly, A. Freud, Mahler, Erikson, Bick, Recamier, Langer, Tallaferro; psiquiatras como T. Wolfe, Laing, Klaus, Kennell, Carballo, Ch. Rafael; pediatras como Ribble, Winnicott; antropólogos como Malinowski, Montagu; obstetras como Leboyer, Odent, Salerno, M. Silvert, Kitzinger; educadores como A. S. Neill, L. Bellamy e P. Green e muitos outros profissionais da saúde e de outras especialidades chegaram à conclusão de que os fatores emocionais e as relações parentais durante o período primitivo e primário (os cinco primeiros anos de vida) condicionam a conduta e o amadurecimento da personalidade, atribuindo grande importância ao adequado amadurecimento psicoafetivo, à existência da díade mãe-filho, chamada, segundo os autores, de "vínculo afetivo", "maternalidade", "urdidura afetiva", "preocupação maternal primária", "apego afetivo" etc., e que começa a gestar-se na vida intra-uterina.

Nessa linha, um dos aspectos mais importantes refletidos na obra de W. Reich é a sua permanente preocupação em romper esses maquinismos sociobiológicos que favorecem a formação do caráter neurótico, da psicose ou da doença em geral. Essa preocupação levou-o a apresentar, em toda a sua obra, várias formas de atuação social para prevenir essa dinâmica psicológica, tornando-o, assim, um dos pioneiros da psiquiatria social e da sexologia, e desenvolvendo uma práxis que fundamentou sua teoria profilática.

Esse interesse está ligado à sua concepção de que a doença surge como conseqüência da perturbação da economia sexual do indivíduo, ao longo de seu processo evolutivo, levando-o a desenvolver uma dinâmica somatopsíquica defensiva para evitar a percepção da angústia e o sofrimento contínuo devidos à perturbação em sua dinâmica natural, que está ligada à obtenção do prazer, que possui características próprias em cada período histórico da vida do indivíduo. Portanto, é esse desequilíbrio na auto-regulação energética do indivíduo que leva o organismo a buscar, por meio da doença — primeiro local e depois cada vez mais generalizada e crônica — novos canais de atuação energética na tentativa de manter, tanto quanto possível, a vida do indivíduo. Uma das conseqüências desse desequilíbrio é que o processo de amadurecimento, estruturação e integração das funções psicossomáticas do ego se altera freando sua autonomia e compensando sua debilidade estrutural com um sistema comportamental defensivo, com manifestações tanto físicas quanto somáticas, o que Reich denominou "couraça caractero-muscular".

Para ajudar o animal humano a recuperar sua função sexual real, Reich se propôs a atuar em dois níveis: o adulto e o infantil. Com relação ao primeiro, ele fundamentou teoricamente e reivindicou socialmente a necessidade da criação de centros de higiene sexual, a necessidade de transformar as leis repressivas contra a expressão da sexualidade em todas as suas formas, de obter um controle da natalidade livre e gratuito, que o aborto fosse incluído no seguro social, que os adolescentes pudessem alugar lugares para viver com intimidade sua vida social etc. Toda essa tentativa de ação estava ligada a um discurso social, em que se analisava qual era a função que cumpria realmente a repressão sexual e como esta era favorecida pelas leis vigentes e pela mentalidade da Igreja, do Exército e de outras instituições. Porque repressão sexual, matrimônio monogâmico compulsivo e família patriarcal hierárquica e autoritária caminham juntos. E é essa tríade a base para o desenvolvimento da estrutura caracterial, para a interiorização da lei e para a adaptação ao estado de coisas social. Ao mesmo tempo, a partir da psicanálise, Reich desenvolveu uma sistemática clínica profunda, à qual denominou "vegetoterapia caractero-analítica"[1] cujo objetivo era, e continua sendo, recuperar a potencialidade do ego,

---

1. Ver REICH, W., *El análisis del carácter*, Editorial Paidós; NAVARRO, F., *Metodologia da vegetoterapia caractero-analítica*, Summus Editorial, 1997, "Dossier clínica postreichiana", revista *Energía, Carácter y Sociedad*, vol. II, 1990.

desestruturando a couraça e promovendo o equilíbrio energético, neurovegetativo do indivíduo e sua autonomia. No que diz respeito à infância, Reich colocou no centro de seu trabalho orgonômico a busca por meios que pudessem facilitar, desde o princípio da vida, a maior permanência possível do estado de saúde e auto-regulação. Nesse sentido, criticou a psicanálise e definiu o orgonoterapeuta como profissional da saúde que, trabalhando em prol da vida, desenvolve sua prática clínica reconhecendo os limites desta e, ao mesmo tempo, trabalha no campo preventivo e social para evitar o sofrimento e a doença, no mais amplo sentido da palavra. Em 1952, ele escreveu:

> A teoria psicanalítica ignora completamente as funções bioenergéticas do núcleo do sistema vivo. Também não se aventura, com suficiente profundidade, na esfera do funcionamento bioenergético, para perceber que a "perversidade polimorfa" e a anti-sociabilidade do inconsciente são instrumentos de nossa cultura que elimina emoções bioenergéticas determinadas naturalmente. Não percebe que as pulsões artificiais secundárias são constantemente alimentadas pela libido insatisfeita. É claro que esse enfoque é totalmente inútil no que concerne à profilaxia da neurose. Se as pulsões anti-sociais inconscientes são determinadas biologicamente, se a criança nasceu "animal, selvagem, cruel, associal", não se vislumbra o fim da praga neurótica repressiva. Desde o nascimento, as crianças são condicionadas e adaptadas à cultura baseada na supressão das pulsões secundárias. Assim, o psicanalista não enxerga mais do que uma vida frustrada, confundindo-a com a biologia natural do homem. O encouraçamento que se forma do nascimento, ofusca completamente o psicanalista que vê e descreve a natureza artificial do homem.

Justamente por estar suficientemente demonstrado que o amadurecimento do indivíduo inicia-se já na vida intra-uterina, e que a forma de ser, estar, sentir e viver do adulto estará de acordo com sua vida sexual-afetiva atual e de como se desenvolveram suas fases sexuais infantis, é fundamental que se estabeleçam bases sólidas para o conhecimento do *desenvolvimento funcional ecológico* do animal humano, da criança de nossa espécie. É necessário termos como central o estudo e a pesquisa da criança — auto-regulada — e não apenas observar, medir e fazer estatísticas sobre quantas vezes ela mexe a boca toda vez que toma mamadeira, aos dois meses, ou falar da etapa esquizoparanóide e depressiva do lactente ou da destrutividade da criança de dois anos como algo natural. É hora de nos colocarmos que o estudo da evolução, desenvolvimento e amadurecimento da criança deve partir de uma visão comparativa entre a criança normal —

aquela com uma estase sexual que vem desde o parto disfuncional, e, portanto, com tendência à neurose e à patologia, que foi sempre a criança estudada pela psicodinâmica, psicanálise infantil e psicologia evolutiva — e a criança auto-regulada, — aquela que se desenvolve num meio materno-familiar funcional (levando em conta os limites sociais que nos impossibilitam de falar em termos absolutos, mas que não nos impedem de falar em termos concretos), cujo desenvolvimento corporal e psíquico apresentará muitas diferenças em relação à criança normal. A esta prestamos toda a atenção até agora, pois na ausência de uma visão comparativa, tínhamos como pressuposto que essa era a única forma de desenvolvimento positiva e o que assim não fosse era a causa da situação patológica clínica (criança normal *versus* criança doente). E por essa razão não podíamos apresentar uma alternativa educacional que tivesse início no momento em que um casal decide ter um filho.

De fato, durante o desenvolvimento de uma criança normal, observa-se uma série de comportamentos e fenômenos (destrutividade oral, passividade do lactente etc.) que, para nós, são na atuação defensiva, já neurótica da criança. Ela teve de esquecer suas necessidades e tendências naturais, para dar lugar à destrutividade decorrente da frustração, o que ocasiona uma perda do contato consigo mesma e com o outro. Posteriormente, a criança vai sublimando, e adaptando-se socialmente ao meio, reprimindo inclusive a destrutividade de sua frustração. No entanto, esta continua desempenhando um papel condicionante em sua atuação. Esse processo, muito bem descrito por Reich em vários de seus textos, é ignorado pela pedagogia psicanalítica, que generaliza, como normal e saudável, o comportamento que, para nós, é normo-neurótico. Porque, como afirmava Reich, a partir do momento em que as pulsões destrutivas são culturais, em que a perda de contato da criança é cultural, e, portanto, produzida por fatores sociais (nascimento traumático, oralidade insatisfeita, repressão sexual genital com conseqüente angústia de castração etc.), isso significa que é possível mudar a dinâmica evolutiva da criança, se colocarmos os meios necessários para tanto na família, no jardim-de-infância, na sociedade. Essa é a alternativa da Profilaxia Orgonômica Infantil, iniciada por W. Reich, que está fundamentada pelas observações e lições elaboradas no contexto da vegetoterapia caractero-analítica (orgonoterapia).

Dentro do movimento pós-reichiano atual, a Escola Espanhola de Terapia Reichiana (EsTeR), entre outras, continua tendo como centro de interesse interdisciplinar a aplicação social do nosso conhecimento à infância e adolescência, para favorecer o estado de saúde de cada recém-nascido, compilando alguns trabalhos de autores de outras correntes bem como de nossa própria experiência no campo clínico e profilático, e seguindo Reich (1952) quando ele escrevia:

> A terapia individual é útil para ajudar este ou aquele, mas, do ponto de vista do problema de higiene social, é inútil (...) o orgonomista nunca aspirará romper o bloqueio da energia vital em toda a massa humana. Sua atenção terá como centro, sistematicamente, as crianças que nasceram sem couraça, isto é, com total plasticidade. Sua tarefa consiste em salvaguardar suas potencialidades inatas para encontrar o caminho a seguir.

Acreditamos que todo trabalho clínico e biofísico, sem uma dinâmica profilática em que sejam realmente desenvolvidos os princípios teóricos aprendidos, não irá além de um sentido limitado e mecanicista.

Do nosso ponto de vista, falar em profilaxia orgonômica é falar da práxis em todos os momentos mencionados, ou seja: cuidado pré-natal à gestante; supervisão cuidadosa do parto e dos primeiros dias de vida do recém-nascido; e prevenção do encouraçamento durante os primeiros cinco ou seis anos de vida. Se separarmos esses momentos e nos dedicarmos unicamente à atuação durante a gestação, ou exclusivamente à atuação no nascimento, ou centrarmos nosso interesse no desenvolvimento da criança no jardim-de-infância e perdermos a visão global que nos serve tanto como ponto de referência (para conhecer a dinâmica vital da criança desde a vida intra-uterina) como para a atuação preventiva em qualquer momento de seu desenvolvimento, estaremos correndo o risco de influenciar a dinâmica normal de encouraçamento. Este último é um processo interno que visa compensar o desequilíbrio, sem uma alternativa de desenvolvimento continuado, e poderá provocar distúrbios peculiares na criança.

É por isso que o trabalho de profilaxia precisa ser o produto de equipe interdisciplinar. Neste livro, reunimos alguns aspectos relevantes que têm favorecido o discurso da profilaxia orgonômica infantil, expondo também algumas contribuições próprias, decorrentes da nossa experiência clínica e preventiva, em colaboração com outros colegas da EsTeR e, em especial, com Maite S. Pinuaga.

CAPÍTULO I
ANTECEDENTES HISTÓRICOS

Algumas elaborações psicanalíticas

Freud

No início do século XX, Freud constatou e redescobriu que a sexualidade existe desde o nascimento e evolui acompanhando o amadurecimento das outras funções do ser humano. Redescoberta, sim, porque foi com o surgimento da burguesia e da sociedade capitalista que se passou a reprimir ainda mais tudo o que se relacionava com a sexualidade, campo que já estava sob fortes jugos repressivos. Na Idade Média coube a Erasmo de Rotterdam escrever um tratado que abordava tudo o que se referia à sexualidade da criança, destacando, entre outras, a importância da amamentação e os benefícios sexo-afetivos que esta traz para a criança, bem como a necessidade da masturbação.

Outro aspecto fundamental foi a confirmação clínica da existência do inconsciente: a vida da criança, assim como a do adulto, não se reduz aos seus reflexos aparentes, o que é consciente. O comportamento consciente não é único e independente, mas está totalmente subordinado aos instintos, ao mundo das pulsões e ao mundo inconsciente. Mundo inconsciente que vai se desenvolvendo com a repressão dos instintos básicos na etapa infantil, sobretudo nos quatro primeiros anos de vida. A influência que a criança receberá posteriormente já estará mediada por esse padrão.

Outro ponto importante para a prática educativa, desenvolvido por Freud, foi a idéia de que as neuroses não são criadas pela repressão direta, mas, sim, pela introjeção que a criança vai tendo dos modelos de conduta desempenhados pela autoridade. Freud deu a isso o nome de *identificação*. Bater numa criança, por exemplo, não vai lhe causar nenhum trauma diretamente. A identificação ocorrerá por intermédio do comportamento geral que os pais forem desenvolvendo com a criança, pois esses pais são vivenciados como autoridade, ou, em termos psicanalíticos, como *superego*. É o processo de identificação com as atitudes da autoridade que irão modelando a estrutura comportamental e caracterial da criança, o que pressupõe que o comportamento do educador é tão importante quanto a transmissão do conhecimento. Assim, não se resolve nada dizendo a uma criança que é bom masturbar-se, se depois esses mesmos pais, quando observam o filho de três ou quatro anos se masturbando, reagem com uma expressão de susto, com risadinhas ou desviando o olhar artificialmente. Isto implica que os pais e os mestres tenham superado uma série de situações no nível vital, e não apenas intelectualmente. Recomenda-se nesses casos que estes passem por uma análise. O que condiciona o comportamento não é uma situação concreta de castigo ou de repressão, mas como a criança vai se identificando com (ou adaptando-se) as figuras dos pais, desenvolvendo os mesmos modelos de conduta e comportamento, ou predispondo dinâmicas reativas. Quando há identificação, adotam-se os mesmos modelos de comportamento da autoridade, ou seja, justamente daqueles que atuaram como repressores. Este é um paradoxo que comporta um mecanismo defensivo: como a criança não pode se rebelar, romper ou enfrentar essa repressão cotidiana ou autoridade, produz-se uma identificação com o opressor, contra o qual já não pode se rebelar porque você mesmo é parte dele, está desenvolvendo a mesma coisa que o opressor. Essa atitude também é muito freqüente no nível social.

Outra contribuição de Freud foi a descoberta do complexo de Édipo. A etapa em que se desenvolve o Édipo (aproximadamente dos três aos sete anos) é aquela em que muitas crianças estão na préescola e, por isso, essa situação de ódio à figura do mesmo sexo e de atração ou desejo pela figura do sexo oposto (seja pai ou mãe) provoca uma situação específica com os pais, que também é vivenciada na escolinha com o(a) professor(a). Freud e posteriormente Vera Schmidt e Reich também insistiram nesse fato: que o(a) professor(a) é a pessoa para a qual a criança vai transferir as situações vivenciadas com seus pais. Isto é, afetos que a criança está vivenciando com seus pais (a situação de identificação que mencionamos anteriormente) vão provocar fenômenos de transferência no(a) professor(a). O que normalmente se dá (terapeuticamente) com a pessoa do analista, ocorre nessa idade com o(a) professor(a). A partir dessa situação haverá muitas outras que os professores não compreenderão e que têm relação com esse fenômeno importante, que é preciso saber resolver, e que poderiam compensar muitas situações patologizantes. A esse respeito, Freud falou de como são os pais que, às vezes, motivam e influenciam essa formação ou reforço da situação edípica: *"A mãe cuida da criança com sentimentos oriundos de sua própria vida sexual e a acaricia e beija tomando-a como substituta de um completo objeto sexual"*. Em muitas ocasiões, se produz tanto no pai como na mãe, consciente ou inconscientemente, um desejo ou uma projeção sexual no filho, com tudo o que isto implica ao nível da transmissão de carga sexual do adulto para a criança. Esta possui uma carga sexual completamente diferente da do adulto, e esta inter-relação pode perturbar seu mundo emocional. Também nesse sentido haverá uma interação professor-criança, a respeito da qual Freud se pergunta: *"É conveniente que os professores usem de psicologia?"*. E ele mesmo responde: *"Não, eles não devem exercê-la, devem vivenciá-la"*.

Além disso, Freud afirma que existe na criança, junto com a sexualidade, uma agressividade natural. Agressividade que não é destrutividade ou raiva, mas a capacidade de se relacionar ou se comunicar com o mundo, como Reich depois endossaria. Essa agressividade desenvolve-se praticamente desde a primeira etapa da infância, e se esse contato com o mundo ou aproximação com o outro for frustrado, acarretará seqüelas e conseqüências, como a repressão do instinto sexual. Nesse contato com o mundo ou aproximação com o outro, Freud fala de brincadeiras sexuais (e outros autores, posteriormente, iriam mais além) com as outras crianças e com o seu próprio corpo, como a masturbação. Na verdade, não pode haver desenvolvimento do impulso se não houver agressão, isto é: a agressividade tem de existir para o desenvolvimento dos instintos. Na prática educativa, isto nos reafirma a importância do contato com outras crianças e das brincadeiras sexuais, bem como das conseqüências que tem o fato de a coletividade impedi-las, levando em consideração a necessidade de a criança se socializar para assim ir canalizando coletivamente essa agressividade. Posteriormente, Freud tratou da existência do *Tanatos* ou instinto de morte, e propôs uma dialética entre o princípio do prazer, *Eros*, e o princípio de realidade, ou, mais particularmente, o Tanatos; Reich e outros psicanalistas não concordaram com esta perspectiva.

S. Ferenczi

Uma das primeiras elaborações de outros psicanalistas no campo da pedagogia foi a de S. Ferenczi, que publicou um artigo intitulado "Psicanálise e educação", em 1908. Pediatra que rompia bastante com os moldes da profissão, apoiando-se em Freud, ele tratou da importância da amamentação no amadurecimento e desenvolvimento social da criança e da necessidade da liberdade de movimentos no plano do desenvolvimento dessas etapas. Ou seja, liberdade de movimentos no sentido de não receber esse entorpecimento total e completo, nem uma excessiva ou exagerada vigilância, cuidados ou dominação.

A partir dessa exposição, Ferenczi responsabiliza a educação pela formação das neuroses, entendendo como educação o que mencionamos anteriormente, e não apenas a escola. A esse respeito, ele afirma:

> Apenas quando deixar de existir o mistério hipócrita em matéria sexual é que as emoções serão dominadas e sublimadas. A excessiva angústia das pessoas e o medo da morte têm como causa a repressão da libido no processo de educação.

S. Bernfeld

Socialista de tendência sionista, em seu livro intitulado *Sísifo ou os limites da educação*, publicado em 1925, colocou dois problemas fundamentais, tanto para a educação como para o amadurecimento da criança. Trata-se, de um lado, da influência da situação social na prática educativa, que antes não fora denunciada de forma clara, o que foi agravado pela situação social daquele momento, no qual havia total desigualdade de oportunidades e uma grande falta de assistência educacional. De outro lado, Bernfeld refere-se ao limite concreto do educador: como este, partindo de uma visão (que recebeu) formativa e profissionalista imposta pelo sistema vai transmitir ou ser transmissor da ideologia dominante. A esse respeito, ele afirma que a primeira coisa a fazer é educar o educador. Portanto, não apenas no nível ideológico, mas no nível vital, sua forma de desenvolver a relação com a criança estará marcada por seu aprendizado e sua experiência (Bernfeld, 1925).

Bernfeld fundou e foi diretor de uma colônia infantil chamada Long Garden, que abrigava crianças judias refugiadas, de diferentes idades (de três a dezesseis anos), numa experiência social. Eram aproximadamente duzentas crianças, em condições de extrema pobreza, às quais tenta-se propiciar uma educação em bases antiautoritárias, para que a criança soubesse orientar-se por si mesma. Por meio da Assembléia Escolar — um órgão de governo dentro da escola, na qual o professor era um membro como os demais— estabeleciam-se as regras para toda a escola, ou regras especiais conforme os casos. Ou seja, a criança ia aprendendo a se dirigir e a lidar com sua própria dinâmica. Enquanto durou, a experiência apresentou aspectos positivos — no sentido de experiência antiautoritária —, apoiando-se também em bases psicanalíticas, ainda que poucas. Bernfeld tende a separar o trabalho psicanalítico do trabalho pedagógico que desenvolve.

Outro ponto importante é a crítica de Bernfelf a Reich. Ambos desenvolveram, nessa época, trabalhos similares, e apresentaram, inclusive, pontos coincidentes em certos momentos. No entanto, em 1929, Bernfeld faz um duro ataque a Reich, quando este afirma que o importante para o amadurecimento da criança é a satisfação total do desejo. Bernfeld, então, atendo-se a Freud, escreve um artigo na mesma revista que Reich, afirmando que isto não era possível, que existe o instinto de morte, e, portanto, que a capacidade de adaptação à realidade tem de vir marcada, necessariamente, pelo *Tanatos*. Nessa crítica, então, Bernfeld apóia a psicanálise, esquecendo-se de seus princípios marxistas.

Vera Schmidt

Psicanalista russa, depois da revolução, em 1921, tornou-se diretora de um laboratório-jardim-de-infância, criado na tentativa de seguir os princípios da coletivização socialista e os princípios psicanalíticos, em particular o desenvolvimento das diferentes fases da sexualidade. Primeira experiência educativa de base psicanalítica, foi censurada e extinta pelo regime comunista russo depois de três anos.

Tratava-se de uma experiência educacional num jardim-de-infância onde havia crianças de um ano e meio a seis anos, divididas por faixa etária e na qual cada professor cuidava de seis crianças, com as quais convivia o dia todo.

O objetivo fundamental dessa experiência era — como Vera afirmava — buscar a autonomia do ego e criar estruturas de caráter nas quais o ego soubesse reger-se. As bases desse projeto podem ser resumidas nos seguintes pontos:

1) Toda educação deve ser iniciada nos primeiros dias de vida da criança, ou seja, a função do educador se coloca já a partir dos primeiros anos de vida. Daí decorre, como salientamos em outros trabalhos, a grande responsabilidade que têm os jardins-de-infância e seus professores.

2) A necessidade de que existam certas condições externas mínimas, bem como de colaboração com os pais.

3) A inserção da criança na coletividade, a partir de um ano de vida, pelo menos.

4) A criação de uma boa transferência com o educador, que substitua a autoridade do professor; ou seja, no momento em que a criança recebe alguma comunicação ou vivencia uma situação transferencial com o professor, não será preciso recorrer à autoridade, pois estão se criando laços de relação inconsciente com os quais se pode jogar.

5) O educador deve partir sempre da observação da criança e não de construções teóricas; a teoria também desempenha papel importante, mas acima de tudo — estamos nos referindo à primeira idade — a relação deve ser marcada pelo dia-a-dia, a partir da observação das crianças e de suas necessidades cotidianas. Da mesma forma, a conduta pedagógica para cada uma delas deve ser individual; não pode haver uma gestão coletiva ou normas coletivas iguais para todos, ou pelo menos deve haver uma canalização dessas normas para cada criança em particular, pois cada uma se encontra numa situação distinta e necessita de passos diferentes para crescer.

6) Deve-se evitar, tanto quanto possível, julgamentos subjetivos das manifestações infantis; não criticá-las ou atacar diretamente a criança, mas, sim, expor o fato em questão; o que a criança faz não pode repercutir em falta de respeito, em incomodar o outro, ou mesmo em fazer mal a si mesma, mas nunca se deve pressupor ou julgar a criança como incapaz, "burra" etc.

Para Vera, a educação deve ter três objetivos:

1) Adaptação à realidade, o que se obtém seguindo as normas citadas.

2) Controle dos processos de excreção, referindo-se à primeira idade. Esse controle, na prática, se baseará na livre decisão da criança, sem obrigá-la a nada, ajudando-a a viver com naturalidade as fases sexuais, até que, em determinado momento, ela aprenderá a desenvolver a função de limpeza dos excrementos e de controle das fezes.

3) A sublimação das tendências instintivas infantis. Esta será desenvolvida segundo os princípios reichianos, pois trata-se de uma sublimação não marcada por um padrão de canalização das pulsões, mas, ao contrário, pela satisfação do desejo. Trata-se, pois, de permitir que a criança desenvolva suas necessidades, ensinando-a, ao mesmo tempo, o respeito pelo outro. Ela deve se aperceber de que, em determinadas situações, sua atitude pode ser prejudicial ao outro ou pode ainda questionar a postura do outro. Trata-se, em suma, da satisfação do desejo e de uma capacidade de sublimação no sentido criativo, e não substitutivo da palavra.

Na prática, não havia uma educação para controle dos esfíncteres, a masturbação era vista como coisa sem importância, não era reprimida etc. Nesse último aspecto, ao ver a masturbação como algo sem importância, e com professores preparados para encará-la desse modo, começou-se a observar que sua ocorrência era mínima, e que meninos e meninas não se tocavam excessivamente, porque, quando o faziam, era de forma tranqüila e relaxada, sem cair numa masturbação compulsiva, o que ocorria com muitas crianças como produto da repressão — direta ou indireta. A masturbação reprimida transforma-se em ansiedade, que precisa ser descarregada, e é esta impossibilidade, como diria Reich posteriormente, que se torna compulsão.

Outro aspecto importante é que não havia castigo; simplesmente, fazia-se a criança perceber sua responsabilidade individual a partir do respeito pelo outro. Também não havia muitas demonstrações de carinho, com aproximação física dos professores para com as crianças, pois partia-se da base preventiva de que a sexualidade do adulto está bastante marcada pela repressão e por uma carga excessiva. Portanto, essa forma de comunicar afetos poderia transmitir às crianças certa sexualidade reprimida pelos professores. Por isso, Vera acreditava que era melhor manter uma atitude afetiva, mas sem muito contato físico.

Vera utilizou também a adaptação dos materiais às necessidades da criança. Referimo-nos aos materiais empregados a nível pedagógico, com a finalidade de ir criando um ambiente prazeroso para a criança, ou uma identificação prazerosa com a realidade, para que a adaptação a esta, que é bastante castradora, vá se desenvolvendo em bases positivas. O material que a criança possui ou com o qual brinca deve ser sua realidade exterior e, portanto, temos de ir proporcionando-o de acordo com suas necessidades, e não com base nas nossas normas ou planejamentos pedagógicos.

Reich considerou essa experiência tão importante quanto a Comuna de Paris, mostrando que, embora não tenha durado muito, proporcionou conhecimentos vitais na hora de fundamentar certas bases educacionais e do amadurecimento da criança.

A Associação Psicanalítica, de modo geral, encarou essa experiência com certo ceticismo e receio.

O trabalho de Vera foi, na realidade, um enfoque antiautoritário para possibilitar o desenvolvimento das fases sexuais e vitais da criança, visando alcançar sua liberdade e a autonomia do ego, e apresentou muitos pontos de contato com o trabalho de Neill e da auto-regulação, com a diferença de que Neill trabalhou com outras idades.

Melanie Klein

Apresenta dados que partem fundamentalmente de sua experiência com o trabalho clínico infantil e assinala a importância da primeira fase de vida da criança, ou seja, a fase oral, com as duas vertentes de *oralidade de sucção* e *oralidade sádica*, com tendência a morder.

Para ela, existem duas fontes de ansiedade quando a criança nasce, que vão marcar seu desenvolvimento. Uma dessas fontes é um elemento externo, que se dá no próprio momento do nascimento, com toda a angústia criada por este. Angústia da qual Freud já falara, provocada pela impossibilidade de permanecer no calor e tranqüilidade do útero. Quando se dá essa ruptura, ocorre uma angústia vital generalizada. Outra fonte de ansiedade seria a existência inata do *Tanatos* na criança (corroboração da teoria de Freud), ou seja, a existência, já no recém-nascido, de uma tendência destrutiva ou autodefensiva que também irá marcar o seu desenvolvimento. Estas duas fontes de ansiedade vão se projetar no seio materno, o qual se converte, a partir desse momento, no seu mundo, o que é reforçado pela angústia do nascimento e pela ansiedade ou situação de destrutividade provocada pelo *Tanatos*, com a conseqüente dualidade, que ela denominou *peito bom* e *peito mau*. Desse modo, todas as experiências desagradáveis da vida serão projetadas pela criança no peito como "*peito mau*", e todas as situações positivas de calor e afeto que a criança vivencia serão projetadas como "*peito bom*". Ou seja, os dois tipos de situação vão se dar na mãe, na amamentação ou num momento de contato com o mundo por meio do seio materno. Existirá, portanto, uma relação com esse objeto parcial que marcará de forma importante o amadurecimento do indivíduo, e, conseqüentemente, dependerá do contato, afeto e forma de a mãe desenvolver a amamentação, a criação do equilíbrio entre essas duas fontes de ansiedade e a possibilidade de que o "*peito bom*" predomine sobre o "*peito mau*", pois esse predomínio iria em sentido contrário às duas fontes de ansiedade inatas da criança.

Isto recoloca em pauta a responsabilidade da mãe, a importância ou não da amamentação, o questionamento das creches ou jardins-de-infância, sobretudo em idade muito precoce (como a teoria piagetiana de entrar na creche aos quarenta dias), a ruptura que isso implica para a criança, o papel da independência da mãe, já que tem de amamentá-la... isto é, uma série de questões básicas a que a orgonomia responderá.

Melanie Klein, em sua análise, também dará muita importância ao "brincar", que será sua ferramenta básica no trabalho clínico. Ela parte do princípio de que a criança, se tiver possibilidade, criará dinâmicas transferenciais tanto com o(a) professor(a) como com o(a) analista e, portanto, será possível trabalhar analiticamente, a partir de determinada idade, com a ação pedagógica. Por isso, o(a) professor(a) terá um nível de intervenção importante, se possuir uma base mínima de conhecimentos sobre a simbolização, se souber captar e desenvolver jogos que possibilitem as várias formas de desenvolvimento (Montessori também trata um pouco desse assunto no nível pedagógico) e, sobretudo, se souber ampliar o conhecimento de mundo da criança a partir de suas expressões e de seus movimentos.

Anna Freud

Anna segue a ortodoxia de seu pai, divergindo, em alguns pontos, de Melanie Klein. Ela não está de acordo com a excessiva importância que Melanie atribui aos primeiros anos, esquecendo-se da importância da posterior etapa fálica, na qual se desenvolve o Édipo. Acredita também que a criança não cria transferências até uma idade bastante posterior e, por isso, só se deve recorrer à análise em casos extremos; o normal ou positivo é que a criança receba bases educacionais e preventivas importantes. Cabe ao professor e aos pais saber canalizar, por meio da mesma orientação, os desequilíbrios e situações problemáticas que ocorram com a criança, uma vez que a análise não tem muito sentido na primeira idade. Anna Freud é, de fato, uma precursora da prevenção como meio terapêutico de mudança. Ela desenvolve ainda um significativo trabalho de desmistificação no campo pediátrico, com importantes contribuições, defendendo a amamentação livre e quebrando, assim, a rigidez de horários e formas determinadas de atuação. Também teve alguma experiência com escolas, durante alguns anos, mas sempre de forma muito indireta.

Aos pedagogos ela proporcionou:

a) a crítica à educação;
b) a ampliação, para o educador, da visão da criança, com todos os elementos já mencionados;
c) reparação do dano causado à criança pela própria educação.

A. Raskowsky

Em seu trabalho o mais importante são as contribuições relativas à vida intra-uterina. Freud já dissera que a criança nasce com sexualidade, mas Raskowsky (1971) afirma que a sexualidade é algo que começa a existir desde que haja vida vegetativa. A partir das cesarianas que se faziam, e agora das ultra-sonografias, observa-se que a criança em estado fetal já tende a chupar o dedo e, a partir daí, ele desenvolveu a teoria de que já existe uma oralidade fetal. Por isso, abordou também a importância da relação da criança em estado fetal com a mãe, como ponto importante para seu posterior desenvolvimento, bem como a função do psicoterapeuta e da educação em geral durante a gravidez, visto que este já é um período importante para o amadurecimento da criança.

Melanie Langer

Para ela, a gravidez é um estado diferente, no qual são vividas certas situações regressivas e experiências pelas quais a mulher já passou como feto ou como menina em seu estado intra-uterino. De alguma forma, ao ser mãe reativam-se aquelas situações, as quais têm relação com a experiência da gravidez. Langer tratou da importância biológica e psicodinâmica que tem a gestação, do ponto de vista da mulher.

Segundo ela, a amamentação implica a possibilidade de a mãe potencializar sua sexualidade, o que fica impedido quando a amamentação não se realiza ou é vivenciada com culpa. Além disso, Langer apresentou dados clínicos do porquê muitas mulheres não desenvolvem a função natural de secretar leite, entre os quais o sentimento de culpa por não querer vivenciar as sensações sexuais decorrentes do contato de sucção com o mamilo, além do receio narcisista de que o peito fique deformado com a amamentação, sucção e crescimento da criança, bem como das conseqüências que isso pode acarretar a nível físico.

Ela também apresentou dados sobre a importância da amamentação natural, baseada em experiências realizadas por outros e principalmente pelo dr. Harlow. Este trabalhou com macacos em deterrminado período de aleitamento e desenvolveu a seguinte experiência: subdivididos em dois grupos, os primeiros receberam leite de uma mãe postiça (macaco de pano), com características semelhantes à mãe biológica, enquanto os demais foram amamentados por macacos de arame. Posteriormente, observou-se que ambos os grupos desenvolviam respostas totalmente diferentes a estímulos que provocavam medo e angústia. Os do primeiro grupo (macacos com amamentação quase natural) respondiam aos estímulos com mais segurança e de uma forma muito mais direta que os do segundo.

Langer apresentou, ainda, dados clínicos e cotidianos dos diferentes tipos de desenvolvimento da criança, sempre buscando a importância desse momento. Por outro lado, mostrou como a função da amamentação é algo natural, tomando o exemplo etnológico dado por Margaret Mead ao falar dos Arapesh, uma tribo que atribui grande importância (inclusive ritual) a toda essa primeira etapa, e na qual o índice de suicídio é zero.

Já os aspectos inconscientes que se desenvolvem na gestante foram explicados por R. Soifer (1973), discípula de Langer, em seu livro *Psicología del embaraço, parto y puerperio.*

A. Tallaferro

Influenciado por Reich, com o qual trabalhou nos Estados Unidos, insistiu na importância da etapa oral. Tendo como referência Langer, encarou a amamentação como uma união biológica, não somente no nível funcional da relação peito-criança, mas como possibilidade do desenvolvimento energético vital do indivíduo. Segundo esse autor, que faz uma síntese entre as idéias de Melanie Klein e Reich, o peito *"bom"* ou peito *"mau"* dependerá fundamentalmente da carga energética do peito materno, isto é, da transmissão energética do peito e não apenas do fato de este ter ou não leite. Esta é uma contribuição original, por não se pautar por um fator quantitativo (secreção de leite ou não), mas pela capacidade real de transmissão energética ou de abertura sexual da mãe, na hora de dar o peito. Ele trabalhou com crianças num hospital e observou que, em alguns casos, embora as mães tivessem leite suficiente, seus filhos não mamavam no peito, preferindo tomar o leite materno de colherzinha, situação que durante certo tempo não foi compreendida. No entanto, Reich já falara que a união do mamilo com a boca da criança realmente cria um potencial energético (ou, como ele o denominou, orgonótico), pois são duas fontes totalmente carregadas. O peito da mãe tem uma forte transmissão hormonal, e, portanto, energética, e os lábios ou a boca do lactente também, por ser o foco de maior sexualidade da criança nesse período, isto é, de maior carga energética. Isso facilita experiências orgásticas, provocando, inclusive, sensações prazerosas ou energéticas por todo o corpo, tanto da criança como da mãe.

Tallaferro também se apoiou na pediatra M. Ribble, que afirma: *"Verificamos que as mulheres emocionalmente perturbadas, ou aquelas que, consciente ou inconscientemente, rejeitam a criança, são incapazes de acariciá-la, e, às vezes, de secretar leite"*. Ribble comprovou também que os [magoletes], corpos eréteis situados na borda superior da boca das crianças, durante os primeiros meses, nunca ficavam excitados quando a alimentação era feita com a mamadeira, mas se observava uma ereção em quase todas aquelas que mamavam no peito e o aceitavam.

> Com minha hipótese, pretendo chamar a atenção a que, tanto ou mais importante que o estado morfológico ou fisiológico, é o estado da carga energética do seio ou, mais precisamente, a carga bioelétrica do mamilo, como elemento

perturbador na precoce e fundamental relação mãe-filho".[...] "Com minha hipótese de que o mamilo negativo é vivenciado dessa forma, compreende-se por que a criança o rejeita e por que quer o leite extraído desse mesmo mamilo, de colher ou mamadeira, como observei em minha estada no hospital infantil. Estas (as mamadeiras) não têm carga e, portanto, não causam prazer nem desagrado, simplesmente cumprem a função fisiológica da alimentação (Ribble, 1954).

Por último, Tallaferro (1976) cita três causas do porquê a mulher não produz ou não tem carga bioelétrica no mamilo:

a) Pelos sentimentos de culpa com o prazer da sucção (Langer também já tratara disto).

b) Por uma situação inconsciente de ódio à criança, resultado de uma experiência forte no parto ou de alguma seqüela física oriunda do parto.

c) Pelo medo de que o seio seja prejudicado, projetando seu sadismo oral reprimido na criança.

Desses dados, o mais útil para nós é a afirmação de que, em determinados casos, quando a mãe tem leite mas a criança não quer o mamilo, é melhor ou mais conveniente recorrer a um aleitamento artificial do que obrigar a criança a ter contato com o peito. Quando o que está sendo recebido do peito é uma transmissão negativa, é melhor recorrer ao aleitamento artificial ou a uma ama-de-leite.

Enfoques libertários

Tanto Tolstoi, Makarenko, Bakunin e Kropotkin como Ferrer Guardia, na Espanha, consideraram necessária a educação que promovesse a mudança revolucionária. É fundamental mudar hábitos e proporcionar às crianças a experiência vital desde a primeira infância, para desenvolver condutas de solidariedade, apoio mútuo, liberdade sexual e respeito, dentro de uma ética libertária. Ferrer Guardia defende um princípio fundamental, que chama de Escola Moderna, por intermédio da qual a criança está em contato com a realidade social. Esta premissa foi posteriormente desenvolvida no Brasil em outra conjuntura, por Paulo Freire, com sua pedagogia da libertação. O que é evidente é que não se pode propor mudanças revolucionárias sem levar em conta o fator subjetivo, individual, e desde o começo da vida. E esses autores nos dão chaves fundamentais para isso; no Estado espanhol, um grupo libertário baseado nesses princípios leva adiante, há anos, uma escola denominada Paidéia (Martín, J., 1990).

Rumo à teoria da auto-regulação

Radicalizando os princípios psicanalíticos de Freud numa educação libertária e com uma prática pedagógica que se concretizou na escola Summerhill, A. S. Neill desenvolveu os princípios da teoria da auto-regulação. Na verdade, foi Wilhelm Reich quem, a partir de seu trabalho como psicanalista, tanto na prática privada como na policlínica e em centros de planejamento familiar, fundamentou a hipótese básica de que existe um processo de amadurecimento psicossomático baseado na adequada satisfação do instinto sexual. Isso implica reconhecer uma capacidade de funcionamento evolutivo inata no animal humano, tal como ocorre em toda a natureza. E o instinto sexual, satisfeito pelas diversas fases e com diferentes objetos, era a chave que o promovia. Também foi Wilhelm Reich quem demonstrou que esse instinto é transformado em pulsões sexuais, dividido, compensado, sublimado, deslocado ou substituído. Tudo isso pelas exigências, o desconhecimento e a disfunção que o ecossistema provoca na satisfação do instinto do novo ser. Portanto, não seria uma situação normal e necessária, como dizia Freud, mas era, e continua sendo, a base da couraça caractero-muscular e, portanto, da constrição da vivência, da neurose e da doença funcional. Assim, Reich vincula necessariamente a psicologia (por ele descrita como materialista dialética, depois como funcionalismo orgonômico, com muitos pontos em comum com a teoria de sistemas), a sexologia e a pedagogia, porque todas estas teriam um objetivo comum: investigar o que causou a perda de funcionalidade do animal humano e os meios que podem promover seu desenvolvimento e recuperação, o que necessariamente implica um trabalho multidisciplinar. Wilhelm Reich, Ch. Rafael, M. Silvert, E. Baker e, atualmente, grupos do movimento pós-reichiano (Centro Reich de Nápoles, Instituto Reich de Atenas, Área de Profilaxia da Escola Espanhola de Terapia Reichiana) desenvolvem meios para promover esse processo de amadurecimento psicoafetivo, desde a vida intra-uterina até a adolescência, em hospitais, com as famílias e na prática clínica. A. S. Neill com a escola Summerhill, L. Bellami com Childrens' Place, P. Green com The Fifteenth

Street School, o grupo de educadores espanhol com sua escola libertária Paidéia, e muitos outros que certamente existem, mesmo que eu não os conheça, têm procurado, há anos, plasmar tudo isso na instituição escolar. Mas, na realidade, seriam projetos comuns e de ampla magnitude, vinculando os aspectos preventivo, obstétrico, pediátrico, psicológico e sexológico com a práxis pedagógica escolar, que permitiriam, junto com a mudança das leis sociais e a abertura mental das pessoas, a mudança global do atual estado de coisas.

E é nessa linha de ação que tem sido gestada a teoria da autoregulação, fundamental para que a idéia apresentada ganhe solidez estrutural, e a vinculação entre a sexualidade e a autonomia egóica.

CAPÍTULO II
A. S. NEILL E W. REICH: A TEORIA DA AUTO-REGULAÇÃO

A. S. Neill (1893-1973) e a escola Summerhill

Nascido em 1893, Neill desenvolveu um trabalho pedagógico muito importante, tendo fundado em 1921 a escola Summerhill, cronologicamente simultânea ao laboratório-jardim-de-infância de Vera Schmidt na Rússia. Porém a escola de Vera durou três anos, enquanto Summerhill existe até hoje.

Neill era professor e fez sua psicanálise pessoal com Homer Lane, do qual recebeu forte influência, pois este trabalhava num reformatório de crianças delinqüentes, utilizando métodos opostos aos empregados em instituições semelhantes. Lidando com pessoas que, em tese, eram socialmente perigosas, Lane adotou uma linha baseada em métodos antiautoritários, visando à autogestão do reformatório, pois procurava desenvolver uma convivência baseada nos desejos e atividades pessoais. O conceito fundamental de Lane era o de autogoverno, uma das bases que Neill adotou posteriormente (no nível teórico e prático) em Summerhill.

Após a morte de Lane em Paris, causada por pneumonia, Neill continuou sua psicanálise com Stekel, importante psicanalista na Associação Psicanalítica Internacional. Em 1935, durante uma conferência, encontrou-se com Reich, em Oslo. Neill (que não sabia se Reich estava ou ia permanecer nos países escandinavos) propõe-se imediatamente a fazer análise com ele, na linha da vegetoterapia caractero-analítica, enquanto Reich permanece na Noruega e, quando este emigra para os Estados Unidos, reativam o contato, estabelecendo tanto uma amizade como uma colaboração pedagógica. Neill dizia que o trabalho orgonômico biofísico não o atraía, pois não era profissional na matéria, mas demonstrava interesse pelo campo educacional. Desse contato nasceu uma grande amizade, e Neill, dez anos mais velho, nutria por Reich admiração e respeito, sendo um dos poucos amigos que ele realmente teve.

É curioso observar como duas pessoas de áreas diferentes chegaram às mesmas conclusões e desenvolveram conceitos teóricos semelhantes sem se influenciarem mutuamente, pois quando Neill conheceu Reich já atuava há dez anos na escola e já havia formulado todos os seus postulados de forma mais ou menos acabada, motivo pelo qual a influência de Reich sobre Neill deu-se mais no nível pessoal. Segundo Neill *"aprendi autogoverno com Lane e auto-regulação com Reich"*, o qual *"influiu em mim fundamentalmente no nível pessoal. Entre outras coisas, demonstrou que minha aprovação às brincadeiras sexuais das crianças era intelectual e não emocional."* Esta frase reflete como muitas vezes temos clareza das coisas no nível intelectual mas, com a análise posterior, colocaremos a parte intelectual em contato com a parte afetiva e emocional, e ambas nem sempre estarão de acordo.

Posteriormente, no trabalho que desenvolveu nos Estados Unidos, Reich propôs a Neill, em várias ocasiões, que fosse trabalhar com ele no Maine, como educador de seu centro, o que Neill descartou por várias razões, entre elas que a escola já funcionava há muitos anos, ele estava estabelecido, tinha idade avançada e a idéia de mudar-se para os Estados Unidos não o agradava. Isto porque, enquanto Reich via os Estados Unidos com certo idealismo, Neill (mais realista, em muitas ocasiões) o enxergava como berço do futuro desenvolvimento de um neofascismo. Sobre isto Neill chegou a advertir Reich, por carta, afirmando que o trabalho que estava fazendo poderia ser realizado, mais tranqüilamente, na Inglaterra. Mais tarde, quando Reich foi censurado pelo governo federal norte-americano, Neill confirmou que, se ele estivesse na Inglaterra, não teria acabado na prisão e poderia desenvolver melhor suas teorias.

Nos primeiros anos, a atividade de Summerhill tinha poucos alunos, mas em breve já recebia cerca de setenta crianças (de ambos os sexos) entre cinco e dezesseis anos, divididas em três faixas etárias: de cinco a sete, de oito e dez e de onze a quinze anos. A clientela da escola era composta por membros da classe alta (a maioria, filhos de profissionais liberais ou de famílias com boa situação econômica). Apesar de situada perto de Londres, a escola recebia sempre um bom número de crianças estrangeiras; na verdade, muitos dos alunos eram filhos de profissionais ou de terapeutas reichianos que Neill conhecera na Noruega (durante todo o período de formação com Reich) e que, apesar da distância, levaram seus filhos a Summerhill. Os alunos moravam na escola (em regime de internato), mas não havia nenhum tipo de controle de sua privacidade, ou seja, tinham seus próprios quartos (três ou quatro em cada um e, às vezes, um aluno mais velho tinha seu quarto individual) e desenvolviam seu modo de vida como desejavam.

É claro que Summerhill era uma ilha (tanto vista de fora como reconhecida pelo próprio Neill), com todas as críticas que isto implicava e que ele também reconhecia. Mas era também uma experiência e uma alternativa que ele apresentava e, na prática, não via outra possibilidade de atuação. Neill via dois caminhos: ou a integração ao sistema ou a criação de uma ilha dentro do sistema, com os limites sociais que isso acarretava, e que Summerhill tinha.

Neill não seguia o método educacional oficial (tratava-se de idades correspondentes aos estudos de 1º e 2º grau, isto é, de crianças e adolescentes já em processo de educação formal); as matérias acadêmicas eram ministradas em certos horários, cada criança assistia às aulas que lhe interessavam, e quando lhe interessavam, mas sempre levando em conta as normas que elas próprias estabeleciam na assembléia escolar que se reunia semanalmente. Nessa assembléia todos tinham direito a voto, desde a criança de cinco anos até o professor mais velho, e cada um apresentava suas queixas, reivindicações e desejos, e se estabeleciam normas gerais acatadas por todos. Por exemplo, se uma pessoa queria ir à aula de matemática, deveria seguir todo o curso, para não interromper o andamento do grupo; ou no verão, se iam nadar, concordavam que não se podia cair na água se não houvesse salva-vidas. Todas essas normas eram estabelecidas a partir das necessidades cotidianas e da assembléia escolar, não havendo nenhuma preestabelecida.

Além das atividades acadêmicas, que se desenvolviam no período da manhã e depois continuavam no final do dia com aulas de marcenaria, eletricidade e outras, as primeiras horas da tarde eram livres. À noite desenvolviam-se atividades diversas: às vezes Neill dava uma palestra sobre psicologia, ou organizava-se uma apresentação teatral, ou projetava-se um filme, e cada um participava da sua atividade preferida.

A base de funcionamento era o livre desenvolvimento do desejo e das motivações de cada um, com participação facultativa à dinâmica que se estabelecia.

Os interessados em cursar a universidade, começavam a se preparar a partir dos treze ou catorze anos para, em três ou quatro anos, fazer o exame, em vez de ficar desde os cinco anos de idade preparando-se e — segundo Neill — perdendo tempo.

Eram admitidas na escola as crianças cujos pais tinham plena consciência da teoria e do método de Summerhill, e não os que procuravam outro tipo de escola ou tinham dúvidas, por menores que fossem. Estes últimos não eram aceitos por Neill, que julgava que esses pais indecisos estariam constantemente expondo a criança à dualidade escola/pais, isto é, ter de escolher uma coisa ou outra, pois os pais colocariam em xeque certos aspectos da escola, ou censurariam outros, e a criança ficaria dividida.

Às vezes, Neill realizava sessões de análise individual com as crianças que tinham necessidade de lidar com algum tipo de problema que as atingia ou incomodava, desde um complexo de inferioridade até a tristeza, isto é, problemas iam sendo vivenciados cotidianamente. Nessas sessões não se tratava de questões relativas às dificuldades escolares ou de nível acadêmico, gagueiras, dislexias etc., e sim de distúrbios emocionais, pois Neill, influenciado por Reich, partia da base de que os distúrbios escolares aos quais se dedicam grande parte dos psicólogos são sempre fruto de determinada situação emocional. A base ou o objetivo dessas sessões individuais era sempre a prevenção, conforme Reich quando afirmava — em consonância com Anna Freud — que a análise infantil só deveria ser feita quando necessária. Havendo desenvolvimento em liberdade, não seria uma análise, e sim sessões preventivas.

Dentro desse funcionamento de Summerhill, Neill deparou com uma série de barreiras sociais, entre os quais a legislação escolar, que impunha limites para a escola, mesmo sendo a Inglaterra um dos países onde, no tocante à legislação civil, existia mais liberdade. Por essa razão, Summerhill teve menos problemas do que teria em qualquer outro país. Mesmo assim, havia leis que proibiam a distribuição de anticoncepcionais aos adolescentes menores de idade e a coabitação, sendo que o adulto que defendesse tais idéias era acusado de promíscuo, podendo ser processado por problemas, Neil passava a enfrentar esses problemas quando as crianças atingiam determinada idade (doze ou treze anos) pois morando juntas era natural que começassem a sentir desejos e a procurar relações. No nível oficial, nas conferências que dava e nas inspeções às quais se submetia, Neill nunca admitia que havia relações sexuais ou que se tomavam anticoncepcionais, para evitar problemas com os inspetores. Deve-se destacar o fracasso que experimentava com crianças que chegavam à escola com mais de doze anos, pois estas já estavam totalmente integradas a uma visão autoritária, necessitando de autoridade, para agir na vida, o que ia de encontro aos princípios da escola. Isso, a partir de certo momento, fez com que Neill deixasse de aceitar alunos com essa idade, a não ser em casos muito particulares. Eram, como dizia Reich, "*troncos formados e maduros*".

Outro limite social importante era aquele em que se encontrava quando saía para além dos limites da escola. As crianças que estavam se desenvolvendo diariamente em atividades baseadas na liberdade, na autogestão e na desmistificação, ao voltarem de férias para sua cidade natal (ou mesmo tendo amigos de outros lugares) revelavam comportamentos que se chocavam com atitudes e comportamentos dos demais. Por exemplo, se iam à praia, tiravam a roupa e não compreendiam por que deveriam tomar banho de mar vestidos; imediatamente vinha o sentimento de culpa e a sensação de estranheza. Essa necessidade de assumir o ponto de realidade e poder ter uma couraça flexível, como aconselhava Reich, foi sendo incorporado posteriormente, a partir da constatação experimental desses aspectos.

Neill afirmava que o objetivo da educação é preparar para a vida, preparar para poder viver plenamente. Esse conceito de educação é semelhante em Neill e Reich, visto que, para este último, a educação deve ser o meio que possibilite a capacidade de viver do indivíduo.

Uma base da qual Neill parte e que rege toda a sua prática (é uma base krausiana) é que a criança nasce livre e seu núcleo (emocional ou vegetativo) é sadio e positivo; e o exterior é sempre produto das perturbações que, por sua vez, é o elemento perturbador da criança. Partindo dessa premissa, Neill desenvolve uma confiança total na evolução da criança, procurando fazer com que ela entre em contato com seu núcleo e com seus elementos positivos e que se auto-regule.

Neill desenvolve severa crítica ao ensino oficial, pois para ele toda educação é uma perda de tempo (isto é muito forte, dito por um professor), pois implica que o indivíduo passe todos os anos de sua vida desenvolvendo, de forma masoquista, funções sem sentido, simplesmente para criar pessoas ajustadas ao sistema, autômatos que vão exercer uma função acadêmica pelos interesses da pessoa (de prestígio narcisista) ou da família, e não pelo que realmente desejam ou estão sentindo eles próprios como forma de desenvolver a vida. Essa crítica à educação formal lhe serve de referência para desenvolver a alternativa de Summerhill e da auto-regulação infantil.

Ele acredita, também, que a auto-regulação deva ser promovida desde a gravidez, tal como dizia Reich, afirmando, por exemplo: *"se uma mulher reprimida, com o corpo rígido, concebe uma criança, quem sabe que efeitos terá a rigidez maternal sobre o bebê recém-nascido"*. E atribui também extrema importância à oralidade, ou seja, ao desenvolvimento dessa fase, afirmando: *"não se deve permitir que uma criança chore de fome; suas necessidades devem ser atendidas a todo momento, para assim possibilitar que ela desenvolva sua livre capacidade de se auto-regular"*. Ou seja, parte-se da base de que a auto-regulação é uma situação natural de todo animal e que se trata de proporcionar os meios para o desenvolvimento das funções necessárias a um amadurecimento positivo. A partir do momento em que essa capacidade existe e não é perturbada, o recém-nascido — como qualquer outro animal — saberá quando tem fome, e vai usar o choro — que é sua única forma de expressão — quando tiver fome, quiser dormir, passear ou necessitar de afeto ou amor; e então saberá entrar em contato e permitir a satisfação de suas necessidades.

Não se deve partir — como normalmente ocorre no nível educacional e pediátrico — da premissa de que a criança é uma coisa amorfa que não sabe nem sente nada e deve ser ensinada, acostumada e manipulada para ajustar-se à nossa visão de adultos e às nossas comodidades. Neill fala da importância de amamentar quando a criança pedir.

Seguindo O. Raknes, vê a etapa anal como conseqüência de uma oralidade insatisfeita e de uma compulsão anal produzida justamente por uma excessiva importância atribuída à limpeza e por ver as fezes ou excreções como algo sujo ou feio. A esse respeito, ele diz: *"Se não se impõe limpeza à criança e não se vêem as fezes como algo sujo, ela não se sujará compulsivamente"*, ou seja, viverá instintivamente a necessidade de limpeza em determinado momento, quando fisiologicamente souber e puder reter as fezes e a urina, e o fará despreocupadamente. Neill exemplifica com sua filha Zoe, pois um dos limites de Summerhill é que as crianças chegassem a partir dos cinco anos, depois de já ter passado por todas essas etapas. Já sua filha, que se desenvolveu segundo os princípios da auto-regulação, nunca se preocupou excessivamente em mexer nas fezes, ficar rindo, ou ter mecanismos de contenção em relação às fezes.

Outra base importante de Summerhill é que Neill via a liberdade como licença e não sob o conceito de libertinagem. Erich Fromm, falando de Summerhill, afirma: *"pais e professores têm confundido educação antiautoritára com educação por meio de persuasão e coerção dissimuladas"*. Esta frase é a base dos atuais métodos educacionais fundamentados em princípios condutivistas, neocondutivistas e de aprendizagem piagetianas. Procura-se que a criança desenvolva ao máximo suas faculdades intelectuais e de aprendizagem, o que não é realizado por meios autoritários — hoje malvistos — mas por métodos de substituição, pois o próprio professor não é capaz de se desenvolver num ambiente de liberdade, e por isso tem de recorrer constantemente a mecanismos autoritários — no fundo — de chantagem ou de beneplácito masoquista, porque não sabe, em determinado momento, recorrer ou desenvolver o que Neill chamava — e Reich denominaria posteriormente — de autoridade natural. Esta seria definida como a capacidade de a criança ver o lugar desta autoridade e saber valorizá-la a partir do que ela realmente é, uma vez que existe uma relação real de liberdade. Como se trata de uma situação difícil de lidar, precisamente por causa da nossa estrutura de caráter, a criança vive constantemente situações de ódio, que projeta no professor; o professor, por sua vez, enfrenta situações de rebeldia da criança, às quais não sabe conter ou que deixa passar porque não pode usar de métodos autoritários ou não sabe que atitude tomar.

Neill vê a liberdade como licença, no sentido de que, junto com aquela vem sempre o respeito ao outro. Esta é uma das bases de Vera Schmidt, nas quais se via que a criança, no momento em que se coletivizava, devia tomar consciência de que o outro estava lá e tinha de respeitar o livre desenvolvimento dele. Liberdade de movimentos, ação e desejos, desde que não se perturbe o funcionamento do outro (seja este criança ou adulto). Neill dá exemplos nos quais vemos que, assim como ele respeitava totalmente o mundo da criança (a tal ponto que, se não o convidavam para uma festa de aniversário, não ia; ou se lhe diziam: "vá embora", ele saía do quarto), também fazia respeitar o que lhe pertencia ou sua intimidade (e toda uma série de coisas), mostrando o lugar de cada um. Ele conta que as crianças sempre respeitavam seus instrumentos de trabalho, porque se não o faziam, ele ques- tionava essa atitude, mostrando-lhes que estavam perturbando sua vida e que, assim como ele, a criança devia deixá-lo viver. E, ainda, afirma que: *"uma das situações fundamentais que hoje não se permite é deixar viver a própria vida da gente".* A antítese disso seria o que Reich denominaria *"praga emocional"* ou *"peste emocional"*, que seria intrometer-se continuamente na intimidade do outro, procurando seus pontos fracos, pensando ou olhando seu mundo, em vez de desenvolver a própria vida, respeitando o funcionamento da do outro.

Outro aspecto é ver como a liberdade está unida ao respeito ao outro, e, dentro desse respeito estaria a busca da autonomia do ego, como outro dos objetivos de Neill. Essa busca é influenciada por Reich, entendendo-se como autonomia o direito de a criança viver livremente, sem nenhum tipo de coerção externa. Para isso, Neill confiava totalmente na responsabilidade natural da criança, da qual partem os princípios da autoregulação. E exemplifica com o filho de Reich, Peter: a família, vivendo à beira de um lago profundo, nunca teve medo nem teve de dizer a ele para tomar cuidado para não se afogar; nem era preciso vigiá-lo o tempo todo. Ele conta que nem Reich nem Ilse tiveram de se preocupar que Peter pudesse se afogar, porque confiavam plenamente em sua responsabilidade. Da mesma forma que este, apresenta outros exemplos, nos quais mostra que, se a criança for deixada em liberdade desde o princípio, saberá utilizá-la, e por toda a vida. A criança não é nenhum cego ou deficiente que precisa dos adultos o tempo todo.

Outra base de que parte Summerhill é a livre sexualidade e livre desenvolvimento das manifestações individuais. Cada pessoa é diferente e, portanto, não podem ser aplicadas normas gerais, mas somente aquelas que as suas necessidades vão indicando como desenvolver.

Ele emprega também, freqüentemente, o termo "contato", para referir-se à capacidade de a criança auto-regulada poder sentir a si mesma e reconhecer suas necessidades inatas, sua natureza. Desde o momento em que somos parte da natureza, estamos em contato com suas leis, desde que essa capacidade de contato ou de sentir a si próprio não seja perturbada ou rompida pela repressão ou pela educação autoritária, porque, caso contrário, esse contato transforma-se em contato substitutivo, a partir do qual anulamos esse conhecimento instintivo das leis da natureza e precisamos colocar em seu lugar leis sociais, educacionais, cognitivas, vindas de fora, que nos afastam cada vez mais das leis naturais que, por puro instinto ou por sermos parte da natureza, deveríamos conhecer.

Neill fala, então, da importância de o professor ter uma capacidade mínima de contato para compreender e sentir empatia pela criança.

Costuma-se dizer que quando a criança chora é para incomodar, e que não devemos nos acostumar a fazê-la calar-se; que coma quando lhe derem comida, e o resto do tempo fique quieta, porque incomoda, e temos de acostumá-la a isso. Ou seja, temos de acostumá-la a nós, que somos neuróticos e não sabemos o que a natureza do recém-nascido sabe, porque ele ainda não tem capacidade de recorrer a contatos substitutivos, isto é, de transformar um desejo ou desenvolver uma ação buscando outra finalidade (que é o que desenvolvemos o tempo todo). Neill dá um exemplo de sua filha Zoe, mostrando a que ponto chega essa necessidade de contato. Quando sua filha ficava gripada, não queria comer nada, apenas tomar suco de frutas, isto é, seguia uma lei no nível de naturismo.

É por isso que Neill também insiste muito na importância da função do(a) professor(a). Em Summerhill os professores assumiam seu lugar de acordo com uma avaliação muito especial: eram as próprias crianças, assistindo ou não às aulas deles e interessando-se ou não pelo que faziam ou diziam, que levavam Neill a aceitá-los ou não após o período de teste. Para os professores que trabalhavam com Neill (embora, em princípio, ele considerasse básico para todo professor, ao nível pessoal, passar por sua própria análise, para alcançar essa integração teórico-emocional a fim de recuperar essa capacidade de contato mínima), não se exigia nada de especial. Eram as crianças que, a partir de seu desenvolvimento e de sua função, estabeleciam a programação. Em geral, coincidia que aqueles que trabalhavam em Summerhill tinham uma importante experiência vital pessoal, para poder conduzir o regime de comunidade existente, pois professores e crianças ficavam o dia todo juntos e ocorriam muitas situações (atritos sexuais implícitos no fato de adolescentes morarem junto com os professores, conflitos de autoridade, agressividade, competitividade etc.) que os professores tinham de saber resolver.

Em Summerhill não havia distinção entre educação intelectual e prática. Às crianças era dada, desde o início, a possibilidade de desenvolverem ambas as atividades, isto é, matérias acadêmicas e matérias totalmente manuais; com isso, proporcionava-se à criança, desde cedo, os meios para ir vivenciando e sentindo com o que mais se identificar. Tanto a atividade intelectual como a manual eram regidas pelo afeto, no sentido de relação do trabalho ou atividade com o desejo, uma vez que não havia nenhuma obrigação e, portanto, ambas eram vivenciadas de forma vital e não imposta.

A educação estava subordinada às necessidades da criança e não buscava jamais incrementar aprendizagens ou atividades psicomotoras da criança de forma imposta.

Não havia nenhum tipo de castigo ou de disciplina dogmática, nem se procurava criar nenhum tipo de sentimento de culpa (julgava-se a ação, não a criança), nem transmissão de ideologias concretas ou de religião, pois não havia nenhuma transmissão de dogmas estabelecidos. O que existia era uma abertura às perguntas desenvolvidas pela criança, e a biblioteca possuía livros de todos os tipos.

Neill partia do fato de que o importante era aprender, mas sempre depois de brincar, isto é, depois que se tivessem desenvolvido as situações lúdicas da infância, que, durante tantos anos, eram frustradas, justamente pela imposição de matérias que não se adaptavam às necessidades reais da criança. Para ele, não importava como se chegava a alcançar uma assimilação acadêmica; o que importava, sim, era a motivação ligada a essa assimilação, pois, desde que haja motivação, a aprendizagem se dá rapidamente, porque há um desejo real de a criança desenvolver essa situação que ela deseja de modo vital.

Duas críticas podem ser feitas a Summerhill:

Havia uma falta de contato com a realidade social. Um excessivo isolamento social fazia com que seus alunos se desenvolvessem numa espécie de ilha. É Ferrer Guardia quem mais insiste na importância de que a criança conheça por si mesma, o mais possível, a realidade externa. Analisando-a criticamente, com a ajuda do(a) professor(a), visitando fábricas, mercados, povoados...

Também observamos a necessidade de introduzir o trabalho de Reich, de prevenção na primeira infância, como forma de salvaguardar a capacidade de auto-regulação da criança, o que permitiria um desenvolvimento menos complexo quando estas fossem a uma escola como Summerhill.

Mas o que é realmente importante nessa experiência é constatar que a auto-regulação é possível, como demonstram mais de setenta anos de prática educacional baseada na liberdade e na autogestão.

Atualmente, Summerhill é dirigida por sua filha Zoe, e continua mantendo os mesmos princípios de quando Neill estava vivo (M. Appelton, 1992).

Wilhelm Reich (1897-1957)

Alguns dados biográficos

Reich viveu em Viena (1918-1930) na época do apogeu de dois novos movimentos de que participa, o marxismo e a psicanálise. Interessado em sexologia, conhece Freud (1919) e adere à sua forma de ver as coisas e a seus principais enunciados: a *libido*, ou energia sexual, como fonte do desenvolvimento vital; a idéia de que a criança nasce com sexualidade; a neurose como distúrbio, fruto da repressão sexual nas diversas fases infantis; a idéia do inconsciente; e a sua visão terapêutica. Em 1920, aos vinte e três anos, é admitido como membro da Associação Psicanalítica Internacional — API e a partir desse momento sua atividade clínica passa a ser o foco central de seu trabalho. Terminado o curso de medicina, especializa-se em psiquiatria e atua como psicanalista tanto em sua prática clínica, ocupando o cargo de diretor da primeira policlínica de psicanálise, como na prática docente, tornando-se logo analista didata no Instituto Psicanalítico de Viena e, posteriormente, no de Berlim.

Durante esses anos, foram muitas as suas contribuições para a psicanálise, sendo algumas delas incorporadas à teoria psicanalítica — sua visão da chamada contratransferência, o papel da resistência no processo analítico, técnicas para neutralizá-la etc. — e outras foram rejeitadas pelo que tinham de conflitante com a teoria original. Entre elas: sua tese de que o masoquismo se dá como conseqüência da repressão do prazer e do impulso vital sexual; e sua rejeição à idéia de que o "complexo de Édipo" seja universal, porque na realidade é fruto da educação na família patriarcal autoritária e sexofóbica, bem como a de que é a "impotência orgástica" que mantém a estase da energia libidinal, e, portanto, a neurose. Segundo esse enfoque, a estrutura caracterial das massas baseia-se na submissão à autoridade e na impossibilidade de viver a vida em conseqüência da repressão sexual. A experiência desses anos é a base para o posterior desenvolvimento de sua metodologia clínica, denominada vegetoterapia caractero-analítica, que, segundo Reich, é resultado da evolução dos princípios freudianos, muitos dos quais ficaram estagnados ou foram modificados porque Freud e o movimento queriam ser aceitos pela ciência oficial e para isso tinham de reformar ou atenuar certas teses.

Em seu contato com o trabalhador assalariado de Viena, por seu trabalho na policlínica psicanalítica (centro gratuito, procurado sobretudo por pessoas com problemas sexuais), Reich confirmou as idéias que havia extraído da leitura de Marx e foi percebendo uma vinculação direta entre a dialética deste e a de Freud. Resultado dessa concordância é o livro *Psicanálise e materialismo dialético*. Influenciado por essa óptica social, ele dará importância primordial à profilaxia como meio de diminuir os futuros problemas do indivíduo. Profilaxia que desenvolve com um grupo de colegas, criando centros de higiene sexual, nos quais se fornecia informações sobre anticoncepcionais, aborto etc., e reivindicando a livre sexualidade da criança e do adolescente e o respectivo apoio social. Durante esses anos, milita no Partido Socialista e, posteriormente, no Comunista, realizando sua própria análise didática com Sadger e Paul Federn, e em Berlim com Sandor Rado.

Em 1921 casa-se com Annie Pink, com a qual teve dois filhos, Eva e Lore. Em 1934, vai morar com Lisa Lindenberg, bailarina e professora de dança, que conheceu em Berlim durante uma manifestação. Em 1939 conhece Ilse Ollendorf, com a qual viveria até 1954 e com quem teve um filho, Peter.

Em 1930 muda-se para Berlim, visto que suas idéias políticas, de cunho marxista, não se coadunam com as dos demais analistas de Viena, e, inclusive, onde se encara a militância política como algo indigno de um analista. Continua seus escritos psicopolíticos, em que desenvolve sua teoria do caráter. Publica livros como *A irrupção da moral sexual*, em que analisa a obra de Malinowski, *A luta sexual dos jovens* e *Psicologia de massas do fascismo*, este último já na Dinamarca, onde tenta se instalar em 1934, depois de perseguido pelos nazistas. Devido ao seu artigo sobre o movimento nudista, não consegue prorrogação do visto de residência e muda-se então para a Suécia. Ali funda a revista *Psicologia política e economia sexual* e nesse mesmo ano, 1934, é expulso tanto do Partido Comunista como da Associação Psicanalítica Internacional, sendo apoiado pelo grupo norueguês, do qual faz parte Ola Raknes.

Durante esses anos em Berlim milita no Partido Comunista e funda o movimento Sex-Pol (Sexologia-Política), que foi uma tentativa de unificar, sobre a base de objetivos comuns, os diversos movimentos sexuais existentes, a fim de exercer pressão social, e que aglutinou mais de quarenta mil membros, coisa que assustou o próprio partido e também o movimento psicanalítico. O primeiro alegou que ele estava desviando a juventude proletária dos reais objetivos e o segundo porque achou que ele estaria politizando uma ciência. Em 1934, por diversos motivos, foi expulso do partido e da API e teve de sair de Berlim, porque estava na lista negra de Hitler. Seus livros são proibidos aos militantes comunistas e, alguns meses depois, queimados pelo governo nazista. É a partir dessa expulsão que tem início uma campanha para desprestigiá-lo entre os analistas e que corre o boato de que Reich estaria mentalmente desequilibrado. Embora esses boatos circulem apenas num setor da Sociedade Psicanalítica, vão tomar corpo a partir de seus experimentos sobre bioeletricidade na Noruega, no laboratório da Universidade de Psicologia de Oslo, em 1936. Nessa cidade, ele escreve artigos importantes sobre sexologia, como "O orgasmo como descarga eletrofisiológica" e "A função elétrica da sexualidade e da angústia".

De 1936 a 1939, morando na Noruega, estrutura a vegetoterapia, vendo nessa metodologia terapêutica o meio para recuperar a potência orgástica, isto é, a capacidade de prazer e de abandono no orgasmo. E, portanto, para ter uma auto-regulação energético-biológica e equilibrar o sistema nervoso vegetativo, que regula as funções vitais do organismo. Com bases psicodinâmicas e neurofisiológicas próprias, mediante um processo de crescimento pessoal, Reich trabalhará com a palavra e com o corpo do indivíduo, desbloqueando os sete segmentos funcionais musculares da "couraça" defensiva, liberando assim as emoções e as lembranças reprimidas a ela ligadas. Também nessa época, em colaboração com outros cientistas — entre os quais Roger Duteil —, trabalha na observação dos movimentos dos protozoários, reconhecendo uma relação funcional entre estes e os movimentos desenvolvidos por todo órgão vital (contração-expansão) e no orgasmo (tensão-carga-descarga-relaxamento), descobrindo as vesículas da energia, que representam um estágio de transição entre a não-vida e a vida, as quais denomina *bíons*. Por esse trabalho, a Sociedade Internacional de Plasmologia concedeu-lhe o título de membro honorário em 1939. Reich também investigou os processos bioelétricos da pele, baseado na idéia de que esta tem uma carga energética que aumenta nos fenômenos de prazer (expansão) — sobretudo nos sexuais — e diminui nos de desprazer (contração), fundamentando sua teoria da antítese da vida vegetativa (prazer ≠ angústia). Com a Segunda Guerra Mundial, toda essa atividade desaparece e, infelizmente, essas pesquisas nunca foram divulgadas em massa, como tantas outras coisas que eram européias e foram substituídas pela "subcultura ianque", como "remuneração por serviços prestados", procurando apagar aspectos específicos e muito valiosos da pesquisa e da cultura européias.

Deve-se dizer que, tanto nessa época como no resto de sua vida nos Estados Unidos, ele nunca esqueceria seu compromisso social (e não político, pois não voltaria a se filiar a nenhuma organização), relacionando todas as suas pesquisas com a causa primeira, isto é, com as condições econômico-sociais e os meios de transmissão ideológica de um sistema, criando uma síntese funcional entre a biologia, a psicologia e a sociologia.

Convidado pelo dr. Theodore Wolffe (especialista em medicina psicossomática) a ser professor-adjunto de Psicologia Médica em Nova York (onde se encontraria, na mesma universidade, com Malinowski, etnólogo em cujas teses Reich confirmará e reforçará sua visão da sexualidade), e em face de sua instabilidade legal na Europa, muda-se para os Estados Unidos. Durante os dezessete anos em que ali desenvolveu sua atividade, formulou muitas hipóteses, fundamentou outras, realizando um trabalho multidisciplinar, fruto do qual seria fundada a Orgonon, uma comunidade de cientistas que trabalhava na formação de orgonoterapeutas. (Reich dá o nome de Orgonomia a sua ciência, ao fundamentar biológica e fisicamente a existência da energia vital orgonômica; no estudo das leis da energia orgônica e suas aplicações (chegando a usar um motor movido por essa energia, demonstrando a possibilidade de ter um controle meteorológico com o *cloud buster*, e utilizando o "OrAc" — Acumulador de Energia Orgonômica — e o *"Dor Buster"* como instrumentos médicos, em sua luta contra a doença) e proporcionando meios de prevenir o sofrimento no animal humano, possibilitando a cada novo ser humano que sejam respeitados seus ciclos vitais e sua capacidade de auto-regulação (por meio da vegetoterapia pré-natal, durante a gravidez, e da assistência orgonômica no parto).

Mas, junto com a pesquisa sobre as "crianças do futuro", a experiência que talvez tenha causado maior impacto sobre o movimento reichiano foi o *Oranur*, cujo objetivo era destruir ou anular os efeitos mortíferos da energia nuclear, por meio da energia orgônica. Reich escreveu: "É no Experimento Oranur que se assenta toda a minha existência científica e pessoal". Colocando uma pequena quantidade de rádio no acumulador de orgônio, provocou-se um efeito devastador na área circundante. A atmosfera ficou irradiada com uma energia nociva, que Reich denominou DOr (*Deadly Orgone Energy*). Os animais morreram, exceto os ratos que estavam dentro do acumulador de orgônio, e o próprio Reich e seus colaboradores sofreram seqüelas físicas e psíquicas durante anos. Essa experiência representou, para os órgãos oficiais americanos que tinham conhecimento dela, um mistério perigoso... Supõe-se que tanto essa experiência como o "motor de orgônio" que Reich desenvolveu e cujos desenhos de projeto foram roubados de sua mesa, assim como o acumulador e outros aspectos da energia orgônica tenham sido estudados pelas potências internacionais. Não somos ingênuos para pensar que tudo fosse invenção, quando era fácil obter resultados experimentais, nem em acreditar que os governos não o tivessem levado em consideração. Tratava-se, repito, de um terreno muito delicado, onde podiam estar ocultos muitos interesses desconhecidos. Deve-se levar em conta que, naquela época, tudo o que tivesse a ver com energia nuclear era segredo de estado. E Reich denunciou o fato de que explosões atômicas estavam sendo feitas em várias partes do mundo. Ele era uma pessoa incontrolável, num momento de guerra fria e de paranóica necessidade de controle.

A partir desse momento, 1951, tanto o FBI como outros órgãos oficiais não o perderam de vista. Em 1954, recebeu uma notificação judicial contra ele e sua equipe, acusados de especular fraudulentamente com a "inexistente" energia orgônica. A partir daí, tudo se complicou. Reich não comparece ao tribunal e é julgado por desacato agravado, por venda não-patenteada dos acumuladores (quando, na realidade, entregava-os gratuitamente aos pacientes, em caráter experimental). Em 1956, tanto em Orgonon como em Nova York, por ordem judicial, seus livros são incinerados e todo o seu material científico é destruído. Muitos manuscritos inéditos de Reich desaparecem, embora sua filha Eva consiga salvar alguns importantes, microfilmando-os. É condenado a dois anos de prisão, junto com seu colaborador Michael Silvert, o qual, ao sair da prisão (poucos meses depois), aparentemente se suicida.

Reich é preso em 12 de março de 1957. Anteriormente ele havia declarado que, se o mandassem para a cadeia, morreria. Foi considerado totalmente consciente, sadio e capaz. À espera de ser libertado em 5 de novembro desse ano, morre dois dias antes, de parada cardíaca. Segundo suas instruções, foi enterrado sem cerimônia religiosa, em Orgonon, onde hoje se encontra o museu de W. Reich. Seu corpo foi colocado no lugar onde melhor podem ser observadas as montanhas e os lagos de Orgonon.

Podemos resumir sua obra em três segmentos: sua teoria do orgasmo, e a partir dela todo o seu trabalho clínico; sua análise biossocial das relações humanas; e sua descoberta das leis e aplicações da energia orgônica. Por ser difícil enumerar todas as suas contribuições, mencionamos apenas algumas, a título de exemplo:

Elaborações psicanalíticas e técnicas da análise do caráter (1923-34); inibição respiratória e couraça muscular (1928-34); o papel do irracionalismo e da economia sexual humana na origem das ditaduras (1930-34); o reflexo do orgasmo (1934); natureza bioelétrica da sexualidade e da ansiedade (1935-36); os bíons (1936-39); origem da célula cancerosa a partir de tecido animal bionicamente desintegrado (1936-39); descoberta da bioenergia (energia orgônica) nos bíons SAPA (1939); na atmosfera (1940); invenção do OrAc (1940) e de um medidor de campos de energia orgônica (1944); pesquisa experimental da biogênese primária (experimento XX) (1945); hipótese de sobreposição cósmica de duas correntes de energia orgônica como base de formação dos furacões e das galáxias (1951); efeitos da radiação antinuclear na energia orgônica (experimento Oranur) (1947-51); teoria da formação de desertos na natureza e no homem (deserto emocional) e demonstração de sua reversibilidade (1954-55); teoria da doença baseada na acumulação de DOR (energia negativa fruto do estancamento da energia vital ou orgônica pelos bloqueios musculares) nos tecidos (1954-55); e equações orgonométricas (1950-57).

Reich (1934) assim sintetizou sua obra:

> Sobre minha pessoa e minha obra, peço ao leitor que considere um simples fato: os psicanalistas neuróticos me taxam de esquizofrênico, os comunistas fascistas me combatem como trotskista, as pessoas sexualmente lascivas me acusaram de possuir um bordel, a polícia secreta alemã me perseguiu como bolchevique, a estadunidense como espião nazista, os charlatães da psiquiatria me chamaram de charlatão, os futuros salvadores do mundo me qualificaram de 'novo Jesus' ou 'novo Lênin'... Eu estou devotado a outro empreendimento, que exige todo o tempo e fortaleza de que disponho: o trabalho sobre a estrutura irracional humana e o estudo da energia vital, descoberta há muitos anos; em poucas palavras, *estou devotado a meu trabalho em orgonomia*

Sexualidade e auto-regulação

Vemos, assim, que W. Reich (1927), seguindo a teoria da libido dos textos de Freud até 1920, partiu da tese de que "a função sexual é, por antonomásia, o núcleo da função vital". Essa função sexual permite o funcionamento de tudo o que é vivo. Mas deve-se ter em mente que, quando falamos de sexualidade, estamos nos referindo à capacidade de prazer, à alegria de viver em todas as suas manifestações. Não há vida sem sexualidade, ainda que esta adote múltiplas formas. Desde a limpeza compulsiva da dona-de-casa que diz "não sentir nada na relação sexual com o marido" e nem precisar "disso", até as práticas masoquistas na "transcendência mística" de uma freira com a figura de Cristo, ou ainda os malabarismos de um faquir celibatário. Tudo isso são manifestações sexuais separadas de sua função original: a função do orgasmo. É por isso que vemos a sexualidade como instinto e as manifestações sexuais como pulsões. O instinto é da ordem do que é inato, biológico; as pulsões são condicionadas pelo fator cultural. E, na sexualidade, ambos se dão com muito mais força do que nos demais instintos, que não têm possibilidade de mudar de forma, mas apenas de ritual (comer, dormir).

Por isso, a forma adotada pela sexualidade em cada "animal humano" estará condicionada pelo ecossistema, sendo que o primeiro ecossistema do biossistema humano é o útero materno, e, posteriormente, o peito materno-paterno, a célula familiar, a escola, os meios de comunicação, o sistema social. Isto é, para usar uma terminologia mais concreta, *a forma ou conduta sexual é condicionada pela relação objetal, pelos condicionantes biofísicos maternos e pela base socio-econômica do sistema social.*

Pois bem, a sexualidade instintiva transforma-se em pulsão a partir do momento em que, usando a frase de Reich (1955), "viemos ao mundo com certa quantidade de libido e o sistema se encarrega de moldá-la". Ou seja, existiria um impulso baseado na força do instinto, que permitiria o desenvolvimento e o amadurecimento da função sexual e, ao mesmo tempo, o amadurecimento equilibrado das diferentes funções do animal humano, e *esse processo de amadurecimento é favorecido pela função do orgasmo.*

Orgasmo, palavra maldita, repleta de mal-entendidos e de concepções aprioristicas, de preconceitos e de reações, e básica para compreender os processos vitais. Reich demonstra em 1936,[1] com suas

---

1. A sexologia científica moderna não começa com Masters e Johnson, como aparece nos manuais e em alguns livros técnicos, e sim com W. Reich, porque os primeiros estudos experimentais sobre conduta sexual, variações na conduta sexual, fenômeno do orgasmo, bem como a pesquisa sociológica, com levantamentos e estatísticas sobre a sexualidade, realizadas entre 1930 e 1939, tanto em Berlim como em Oslo e nos países escandinavos, foram conduzidas por Reich e outros pesquisadores como Fenichel, algum ginecologista e com Roger de Teil, biólogo, membro da Academia Francesa. Foi em Oslo, em 1936, que Reich realizou as pesquisas sobre variações bioelétricas da pele durante o orgasmo, nas quais demonstra que o orgasmo é um fenômeno bioelétrico — também chamado de bioenergético — que não se confunde com o clímax, e em que também demonstra a diferença existente entre os fenômenos de prazer, de excitação e da resposta mecânica na relação sexual e no orgasmo.

Reich trabalhou com pessoas em situações sexuais ativas, sendo precursor das pesquisas depois realizadas por Masters e Johnson nos EUA, a partir das quais descrevem a curva do orgasmo, que, não por acaso, é semelhante à curva descrita por Reich em 1927, quase cinqüenta anos antes, apontando a diferença entre clímax e orgasmo, o que Masters e Johnson não fazem.

"experiências bioelétricas sobre o prazer e a angústia", e já antes, em 1934, sobre as "variações eletrofisiológicas do orgasmo", que o prazer é acompanhado de maior carga periférica, ao passo que, nos processos de desprazer, essa carga diminui. Assim, a própria relação fisiológica mecânica que proporciona o clímax no homem ou na mulher adulta podem ser acompanhados de carga periférica ou de uma diminuição desta, e esse fenômeno coincidia com o grau de neurose do voluntário. Isto é, as manifestações sexuais genitais (lubrificação vaginal, ereção do pênis, vermelhidão da pele etc.) davam-se por igual tanto nas pessoas que realmente sentiam prazer e tinham capacidade de abandono vegetativo no momento do clímax como naquelas em que a capacidade de prazer estava afetada, ou em que a capacidade de abandono era menor. Sua teoria clínica de diferenciar a potência genital da potência orgástica era assim documentada objetivamente. E esses trabalhos de Reich, embora pouco citados, e em sua maioria só recentemente traduzidos para o inglês ou o italiano, são fundamentais para entender o conceito de orgasmo em sua obra sem cair — caso dos autores da "nova desordem amorosa" — em vergonhosas simplificações.

Essa teoria tem muitas implicações de tipo biofísico, social e clínico, mas, antes de entrar nesse terreno, julgo necessário lembrar mais algumas coisas a esse respeito.

No decorrer de seu trabalho, Reich chega à conclusão de que *"a função do orgasmo é uma fórmula vital, que se dá em todo ser vivo, com formas diferentes"* (ver *Die Bione* ou *La biopatia del câncer*) cujo objetivo é regular a economia sexual e, portanto, o funcionamento vital de cada organismo. Embora a sexualidade assuma formas diferentes, não cumpre sua função se não for acompanhada da periódica experiência do orgasmo. Essa fórmula (tensão-carga-descarga-relaxamento) acompanha o conceito de expansão, de "ir mais além", e se produz tanto em seres unicelulares (mitose) como em organismos mais complexos, como os mamíferos e o animal humano, utilizando meios mais especializados, como: sistema neurovegetativo e neuro-hormonal — septum encefálico — formação reticular — sistema gonadal, mas que são meios utilizados pelo ser humano adulto para cumprir a mesma função que a ameba ou o zigoto: a expansão. Essa expansão promove a descarga do excedente energético do organismo, o qual, ao não se realizar, se acumula no corpo, formando uma estase libidinal, núcleo somático atual da neurose, que, junto com a psiconeurose, constituem o que Reich chama de "neuroses caracteriais", isto é, alteração da função, tomando uma forma compensatória que mantém o equilíbrio no desequilíbrio, o caráter e a couraça muscular. Fator que enrijece de maneira crônica o potencial do Ego e promove a adaptação ao sistema social.

Além disso, *"não há amadurecimento das funções sexuais e do organismo humano em suas múltiplas funções somato-psíquicas, se não se produzir o orgasmo desde o zigoto, primeiro com a mitose, depois com o crescimento fetal e, posteriormente, com o 'orgasmo oral'"*

(Reich, 1948), por meio da relação da boca do lactente com o mamilo da mãe, e depois com o orgasmo genital, tendo como meios a fusão e a conjunção genital. Assim, "o orgasmo se manifesta como uma *convulsão* repetida do organismo em sua *totalidade*".

Isto é válido para todo o reino animal. Desse modo, o orgasmo não é um acontecimento genital local. O aparelho genital apenas cumpre o papel de detonador para a convulsão geral total... Assim, a função do orgasmo representa um problema de *"funcionamento do organismo em sua totalidade, em termos bioenergéticos"*.

Desse modo, a convulsão orgástica é uma expressão de carga e descarga protoplasmática, que é independente da existência de um sistema nervoso formado, embora este seja o que a executa (Reich, 1950).

Existe, portanto, um instinto sexual mediado pela cultura e, nesta, o instinto vai sendo transformado, veiculado por meio de pulsões parciais. As pulsões sexuais, admitindo esse fator cultural, devem ter uma variável biológica e uma variável psíquica que é o executante, o que nos diz como acionar esse impulso biológico. Reich afirma que o biológico é a fome de orgasmo, a busca de fusão e a tendência a sair da membrana orgonótica e da própria pele, na necessidade de expansão do organismo. O executante será a conjunção genital (nos adultos), a busca, o encontro com o outro em determinadas circunstâncias. Essas circunstâncias são mediadas pelo sistema, daí os limites e os conflitos. Mas isso não significa que a insatisfação seja decorrente do biológico, e sim do sociológico.

Admitindo esse conceito-chave, a sexualidade será a percepção do instinto, em suas muitas e variadas formas. Essa busca expansiva, que toma múltiplas formas, vinculadas à busca do prazer. A sexualidade não precisa ser necessariamente classificada como algo que tem a ver com a cama ou com o contato corporal com o outro ou consigo mesmo; mas sim, sob essa perspectiva, relaciona-se com qualquer dinâmica de prazer. Diz-se que Freud é pansexualista porque afirma que em tudo se percebe o sexo; mas isso é porque ele parte de um conceito sublimatório, em que não é preciso regular a sexualidade, já que está sublimada. Mas o que é sublimado, nesse caso, é a pulsão; só é instinto o que deve necessariamente ser regulado por formas determinadas; por isso, diferenciamos sexualidade de genitalidade, prazer sexual de função do orgasmo.

É assim que temos de buscar mecanismos de adaptação e compensação para despistar e distrair o instinto. Esse sentido compensador é neurótico, por isso falamos em sublimação: se vivenciássemos sexualmente a vida, faríamos as coisas não como sublimação, e sim por prazer.

No fundo, qualquer atividade prazerosa é uma atividade sexual. Por isso Reich, em sua obra, menciona e expõe a coincidência entre trabalho e sexualidade. Trabalho não-alienado como ferramenta expansiva; e para que essa ferramenta exista, deve haver um impulso de dentro para fora (expansivo, parassimpático) e, portanto, vinculado ao prazer.

Quando Reich utiliza a expressão *democracia do trabalho*, está se referindo ao tipo de relação humana baseado na auto-regulação e na autogestão, na qual, se fizéssemos o que quiséssemos (porque cada qual se sentiria bem fazendo), não seriam necessários regulamentos. A economia energética deveria ser baseada no contínuo movimento de dentro para fora, de contração-expansão, para que as ações não fossem hipomaníacas, e sim baseadas numa necessidade de expansão, de ir além. Mas, com nosso núcleo depressivo caracterial, neurótico ou psicótico, o trabalho, a "ação", costuma ser compensatória, geralmente para não entrar em contato com nossa depressão, e "fazemos", — atuamos — para compensar, não por prazer.

A realidade nos leva a aceitar os limites da sexualidade, os limites de cada um na comunicação, na vida cotidiana, consumista e alienante, o desequilíbrio neurovegetativo... e a aceitar as conseqüências que isso, e a estrutura de caráter em particular, acarretou na nossa forma de reconhecer as pulsões sexuais, a existência da disfunção do orgasmo e, portanto, de nossa capacidade orgástica, entendida como a possibilidade de amar, de discernir entre o que é contato secundário e primário, de sentir a sexualidade (e não apenas sentir o sexo), de sentir a genitalidade (e não apenas sentir os órgãos genitais). E tudo isso implica necessariamente suas conseqüências biológicas para cada pessoa, e sociológicas em sentido coletivo, ambas ligadas à disfunção e à patologia. Assim observamos que, ao longo do desenvolvimento e da formação desde o estado embrionário, o animal humano depara com uma realidade que o contrai e o asfixia naquele estado e que vai impedi-lo de desenvolver suas necessidades e suas fases sexuais de maneira natural, impondo-lhe uma série de coisas baseadas na inibição do sentimento e da sexualidade em suas diversas fases, e o organismo, para não morrer, vai desenvolver a formação de uma *couraça caractero-muscular defensiva* diante de seus próprios instintos (se não sentir, não haverá conflitos) e do exterior (Reich, 1934). Couraça composta por atitudes caracteriais defensivas, que ocultam os impulsos destrutivos fruto da formação a que foi submetido e que, por sua vez, ocultam os instintos e desejos naturais, junto com uma forte tensão muscular crônica mantida por influência do sistema nervoso simpático, para conter a angústia e as emoções reprimidas, provocando uma forte perda de contato com seus próprios desejos e necessidades e vivendo com base no que é imposto e externo (o papel).

Essa tensão crônica vai se realizando funcionalmente em todo o corpo, mas com predomínio das áreas (bloqueios ou segmentos bloqueados) nas quais, historicamente, suas funções especializadas estavam se desenvolvendo nos momentos de maior trauma e frustração. Assim, então, a couraça vai se formando desde os olhos (segmento ocular) até o último dos sete segmentos, o pélvico.

Tal repressão, ou em outros casos falta do necessário, causa uma resposta fisiológica baseada no predomínio do sistema nervoso simpático, mantendo uma inspiração crônica e as tensões musculares — como vimos anteriormente — que vão sendo reproduzidas pela existência da impotência orgástica (incapacidade de auto-regulação energética), por não ter alcançado uma situação de maturidade sexual, de sentir e descarregar prazer no corpo e com todo o corpo, na conjunção genital (genitalidade). Isso acarreta uma constante estase da energia que, ao ser acumulada na tensão muscular, cria um forte impedimento a que as células sejam adequadamente oxigenadas, propiciando as bases para futuras biopatias (doença funcional fruto da contração do aparelho vital, doenças que são degenerativas, como úlcera, arteriosclerose, leucemia, bronquite, asma etc.).

Assim, então, não pode haver um estado de saúde completo numa sociedade anti-sexual, que reprime e ignora as necessidades reais do embrião, do feto, do recém-nascido, da criança, do adolescente... e, portanto, a doença é o estado crônico de todos que vivemos nessa sociedade, já que o organismo com impotência orgástica utiliza os canais secundários para descarregar, na couraça do indivíduo, a energia que não pode ser acumulada.

Portanto, vemos que o orgasmo responde a uma necessidade biofísica e bioenergética, e não é, absolutamente, algo estritamente ligado à experiência descrita nos manuais de sexologia, que costuma ser considerada o "clímax" da relação sexual adulta.

Aproveito para lembrar que, para Reich, não há diferença entre a capacidade orgástica do homem e da mulher; aliás, ambos podem ser ativos durante toda a relação sexual. Inclusive na fusão pênis-vagina na "conjunção genital" (Reich, 1945), a vagina também pode "sugar" o pênis, pode prender o pênis e sentir o gozo de seu órgão, e o homem vivenciar o gozo da atividade vaginal da mulher. Isso ocorrerá se houver sensação de órgão, se se tiver plena capacidade de prazer corporal e de abandono vegetativo, se se estiver descondicionado dos muitos preconceitos sociais relativos à relação sexual.

São vários os fatores que limitam essa experiência orgástica no animal humano. É por isso que falamos de *impotência orgástica* ou de disfunção do orgasmo, que provoca atitudes e comportamentos sexuais descritos nos manuais de sexologia, ou seja:

a) aprendidos (técnicas sexuais); b) vinculados à *estrutura de caráter* individual (Reich, 1933) (comportamento fálico da penetração genital, atitude sadomasoquista de passividade vaginal, de "não sinto nada", "teatro de gozo do sexo", potência genital e orgasmos múltiplos, fixações psíquicas ligadas a objetos parciais que proporcionam prazer: fetichismo, violação, pedofilia etc.); c) os momentos em que, querendo desenvolver uma função mecânica (ação dos genitais, percepção de prazer corporal), este não se produz (alterações denominadas disfunções sexuais: impotência de ereção, anorgasmia etc.).

Mas todas são conseqüência da disfunção do orgasmo. Por isso, embora o conceito de orgasmo esteja em toda a obra de Reich, embora se fale da genitalidade como estado emocional e psíquico suficientemente maduro para poder se dar essa potência orgástica, não fazemos uma apologia do orgasmo, nem de "foder", nem de que só se possa viver o prazer e a relação sexual se houver penetração. Não recriamos o domínio falocrático sobre a mulher, e tantas outras asneiras que, de vez em quando, leio e escuto de pessoas que não conhecem este discurso e portanto fazem uma crítica destrutiva. Ao contrário, acredito que o objetivo de uma relação sexual nunca deva ser atingir o orgasmo de um ou de outro, e sim o contato corporal, o prazer, a comunicação afetiva, desfrutar do outro e com o outro. *Na relação sexual o orgasmo vem, não se procura, mas toda relação sexual já será válida se se conseguir viver o prazer corporal com o outro.*

Para promover a recuperação da capacidade orgástica e com isso estabelecer a base para o funcionamento sadio do organismo, Reich trabalhou em duas frentes: o campo clínico, com o desenvolvimento da vegetoterapia caractero-analítica, e o da prevenção social e infantil. Em ambos os terrenos se avançou muito dentro do movimento pós-reichiano. Assim, ao nível clínico, contamos com a sistemática desenvolvida por F. Navarro, que dá suporte estrutural à vegetoterapia e a torna muito mais eficaz, conhecemos mais como aplicar essa sistemática às diferentes estruturas e contamos com dois quadros clínicos que ampliam as possibilidades de ação dessa terapêutica profunda: a aplicação ao trabalho em grupo (Serrano, 1990) e a aplicação em âmbito breve (*Psicoterapia breve caractero-analítica*, Serrano, 1992).

Nos próximos capítulos, vamos nos dedicar à exposição de algumas elaborações que realizei, a partir de minha prática clínica, no campo da prevenção infantil. Para isso, vamos inicialmente aprofundar o conceito de estrutura.

CAPÍTULO III
ESTRUTURAS HUMANAS
E CARÁTER

A disfunção na economia energética sexual,[1] durante o processo de amadurecimento, predispõe ao desenvolvimento de organismos com mecanismos defensivos psíquicos e corporais que condicionam a percepção e a existência do indivíduo. Certas correntes da psicopatologia atual, de corte psicodinâmico (Kernberg, 1976), utilizam o termo "estruturas" (psicótica, neurótica, *borderline*) como "medida adequada de definição de um quadro clínico, referindo-se à organização econômica profunda do paciente no terreno psíquico e aos sinais estruturais estáveis" (Bergeret, 1975). Mas tanto a linguagem como os meios clínicos dessas correntes estão mediados pela concepção psicológica. Outro autor que emprega esse termo, dentro de uma visão psicocorporal, é A. Lowen, o qual, entretanto, não deixa clara a diferença entre "traço" e "estrutura caracterial".

Dentro da orgonoterapia pós-reichiana (Serrano, 1990b), quando falamos de "estruturas", estamos nos situando numa concepção epistemológica em que a identidade funcional psicossomática é determinada pela capacidade de pulsação bioenergética, que, por sua vez, é mediada pelo sistema social dominante. Essa realidade social familiar normalmente obriga o organismo a se encouraçar, limitar sua capacidade de expansão, constrangido pelo medo (Navarro, 1988) que, dia-a-dia, desde sua concepção, já influenciada pelo componente constitucional, configura uma estrutura organísmica que terá de abandonar gradativa-

---

1. Energia vital que W. Reich definiu como Orgon (bioenergia); para ampliar conhecimento, ver seu livro *La biopatia del cance*r, 1948..

GRÁFICO 1

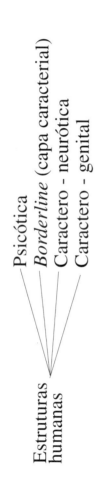

Estruturas humanas
- Psicótica
- *Borderline* (capa caracterial)
- Caractero - neurótica
- Caractero - genital

Para o DIAGNÓSTICO DIFERENCIAL ESTRUTURAL utilizamos os seguintes referenciais:
a) Predisposição constitucional.
b) Metabolismo orgonótico (bioenergia).
c) Relações objetais e traços caracteriais.
d) Bloqueios e tensões musculares. Funcionamento neurovegetativo e somático.
e) Realidade atual, familiar, profissional, afetivo-sexual, situação clínica, motivações...

Na orgonoterapia pós-reichiana (Serrano, 1990), ao falar em *estrutura caracterial*, nos situamo numa concepção energética, em que a identidade funcional psicossomática é determinada pela capacidade de pulsação bioenergética, mediada, por sua vez, pelo sistema social dominante. Essa realidade sociofamiliar normalmente obriga o organismo a encouraçar-se, limitar sua capacidade expansiva, constrangido pelo medo (Navarro, 1988) que, dia-a-dia, desde sua concepção — já sob influência do componente constitucional — configura uma estrutura organísmica que terá de abandonar progressivamente sua funcionalidade global, dando lugar ao desenvolvimento da especialização parcial de certas funções, de forma dissociada (separação entre discurso intelectual e emotividade; entre ação e sentimento) e utilizando mecanismos compensatórios entre as diferentes funções do organismo.

mente o funcionamento global, dando lugar ao desenvolvimento da especialização parcial de certas funções, de forma dissociada (separação entre discurso intelectual e emotividade, entre ação e sentimento), e usando mecanismos compensatórios entre as diversas funções do organismo (por exemplo, compensando a impossibilidade de abandono ao outro com a constante conquista sexual, o sentimento de solidão com a bulimia etc.).

O Ego biológico vê-se investido de uma estrutura caracterial que é expressão desse ego. Expressão mais ou menos alterada, reprimida e alienada de suas funções biológicas naturais, segundo o próprio desenvolvimento libidinal-orgástico marcado pelas relações objetais. Substituindo os mecanismos "homeostáticos" de auto-regulação funcional, que favoreceriam o crescimento do eu genital, por um equilíbrio psicofísico e uma equilibrada economia sexo-energética (ver Gráfico 1 à p. 60).

A *estrutura caracterial genital* corresponde ao que W. Reich (1934) descreveu como *caráter-genital*.

Estaria próxima à saúde, e se caracterizaria por um ego revestido por uma couraça maleável e de caráter flexível, que existe em função das necessidades do ego, e não como couraça rígida e permanente do ego, que é o que acontece nas demais estruturas. Com capacidade de contato, de sentir a si mesmo e de sentir, de auto-regulação, de capacidade orgástica, com autonomia e maturidade psicossomática, com equilíbrio no funcionamento do sistema neurovegetativo, que manteria tudo isso ligado a uma adequada pulsação bioenergética nuclear. Mas essa estrutura humana, numa sociedade perturbada e patologizante, tem poucas possibilidades de desenvolvimento, e, por isso, não vou descrevê-la em detalhes. Mas é muito importante tê-la como parâmetro de referência, porque é o que dá sentido à profilaxia orgonômica infantil, cujo objetivo é precisamente preservar o máximo possível as potencialidades do recém-nascido, a "criança do futuro", e fazer com que se mantenha próximo à saúde. O paradigma reichiano acredita que a saúde é possível, assim como o amor e outros termos absolutos, mas não de forma permanente nesta sociedade. São valores inatos, alterados e anulados pelas influências sociais, e atenuar essas influências é o nosso objetivo. Por isso, vou concentrar-me mais nas outras estruturas, o que nos permite, a partir daí, saber quais métodos preventivos empregar em cada caso.

Existe a possibilidade de que nem sequer se possa formar um caráter, em que o ego biológico não encontra meios de se expressar, com conseqüente impossibilidade de identificação e ausência de identidade, desenvolvendo mecanismos miméticos dependentes do objeto externo. É o caso único e particular da *estrutura psicótica*, que não se confunde com o "psicótico" ou "sintoma psicótico", porque com essa terminologia parcializamos o sujeito e descrevemos coisas diferentes. Assim, uma estrutura neurótica pode ter um episódio "psicótico", mas isso não significa que seja um episódio degenerativo ligado a uma carência caracterial, defensiva, reflexo de um sistema hiporgonótico, como seria o caso da estrutura psicótica. Desse ponto de vista, os motivos, a finalidade e o significado serão diferentes, bem como a atuação terapêutica.

Por isso, dentro da disfunção, só falamos de "estrutura psicótica" sem o termo "caracterial", pois nesse caso o distúrbio "rompe a unidade somatopsíquica" (Navarro, 1987), impedindo, pelo fator etiológico primitivo, a defesa estruturante neuromuscular e psíquica; sendo uma estrutura débil, maleável e mimética. Nos demais casos, falaremos de *"estrutura borderline"* (*capa caracterial*) e *"estrutura caracterial neurótica"*.

São essas três estruturas que nos interessa diagnosticar desde o começo da análise, pois isso nos coloca, sistemática, epistemológica e funcionalmente, perante aquele que nos pede ajuda, e também nos permite aplicar esse conhecimento para prevenir o funcionamento do indivíduo diante de situações pouco controladas, por exemplo, no parto, na amamentação etc., sendo por isso aplicável ao campo preventivo.

Para isso, utilizamos no DIDE (Diagnóstico Inicial Diferencial-Estrutural) os seguintes parâmetros:

a) *A predisposição constitucional* — refere-se à maior ou menor influência dos antecedentes familiares e biológicos diretos, bem como à marca biológica, epigenética (Carballo, 1952) no biossistema humano fetal, durante o processo de íntima interação com o biossistema materno. É similar ao conceito de *terreno* utilizado na teoria homeopática.

b) *O metabolismo orgonótico (bioenergia)* — maior ou menor capacidade de pulsação nuclear bioenergética. Esse conceito nos fala tanto da distribuição energética superficial como do campo energético áurico da pessoa, que são conseqüência do grau de pulsação nuclear do biossistema, em constante interação com o campo energético externo, criando o que Reich (1948) descrevia como fenômeno de *luminação*.

c) *Relações objetais e traços caracteriais* — com esses conceitos, faz-se referência ao tipo de vinculação, comunicação e inter-relação afetiva que se deu entre o indivíduo e os demais membros da estrutura familiar ou pessoas substitutas, durante o período de desenvolvimento ontogênico.

d) *Bloqueios e tensões musculares* — como conseqüência dos pontos acima, descrevem-se os mecanismos de defesa neuromusculares que a pessoa desenvolveu para reduzir o contato com seus impulsos, com seu sofrimento e angústia, e para ter uma base somática onde apoiar um construto psíquico adaptativo ao meio social. Podem ser hipo ou hiperorgonóticos, segundo uma tendência à carência ou ao excesso energético.

e) *Funcionamento neurovegetativo e somático* — a interação entre o metabolismo orgonótico e a configuração neuromuscular tem como conseqüência um funcionamento basal que procura manter um equilíbrio dentro do desequilíbrio existente, no qual, às vezes, os quadros patológicos são conseqüência da tentativa de evitar um mal maior para o organismo.

f) *Realidade atual familiar, profissional, afetivo-sexual, sintomatologia, insight, motivação* — soma das variáveis que devem ser interpretadas, inserindo-as nas referências de avaliação escritas.

A aplicação dos diversos testes biológicos, neuromusculares e psíquicos que configuram o DIDE permite que nos aproximemos epistemologicamente da pessoa e de sua estrutura global, e, a partir daí, compreendermos grande parte de seus comportamentos e, sobretudo, sua forma de perceber a realidade externa e interna. Vejamos quais seriam as características básicas das estruturas predominantes em nosso sistema social, segundo as variáveis descritas:

ESTRUTURA PSICÓTICA — Podem ser indivíduos com normalidade social de funcionamento, mas com um ego débil, que não conseguiu estruturar um sistema defensivo e se vincula a elementos parentais ou fa-

GRÁFICO A

Estrutura psicótica

- Terreno debilitado. Predisposição à biopatia. Distúrbio fetal.
- Hiporgonia nuclear. Pulsação debilitada.
- Ausência de objeto primitivo. Mimetismo posterior.
- Bloqueio ocular hipo, oral hipo, diafragma hipo.
- Tensões cervicais e torácicas. Pélvis morta.
- Distúrbio neuro-hormonal e basal.
- Campo energético aberto e difuso.
- Mimetismo caracterial dos objetos referenciais.
- Vinculação fusional com o(a) parceiro(a) ou o trabalho. Sexualidade de extremos.
- Em crise: linguagem arquetípico-simbólico-energética. Estado de consciência alterado. Sensação de desintegração. Experiências místico-cósmicas.

miliares de forma mimética, substituindo o vazio primitivo por um objeto atual (*estrutura psicótica compensada*). Em sua vertente clínica, desenvolveriam as *psicoses ou biopatias primárias* (psicose somática) (Navarro, 1988) e o *estado depressivo psicótico* (Serrano, 1987) (Ver Gráfico A à p. 64.).

• *Predisposição constitucional*—As variáveis que se podem dar, com maior ou menor influência e inter-relacionando-se de várias formas, são:

- Mães com estrutura psicótica, organismo materno hiporgonótico (Serrano, 1988), com útero com carga pulsátil bioenergética débil, no qual o embrião vive o "medo da morte" (Navarro, 1986), que repercute na própria célula, provocando, assim, uma perturbação na cadeia de DNA, cujos íons metálicos rompem as estruturas evolutivas embrionárias, com a contração, irreversível e crônica, da actina e miosina das células, impedindo a função normal do tecido conjuntivo (Navarro, 1986), produzindo-se em seu biossistema um funcionamento metabólico basal ínfimo.

- Mães com processos degenerativos, como câncer, que predispõem que, por via sangüínea, o sangue do "organismo intra-uterino" (Serrano, 1988) seja infectado de bacilos T, com clara predisposição à degenerescência dos tecidos (Reich, 1948).

- Pais, avôs e avós com processos biopáticos.

- Situações familiares estressantes durante a fase intra-uterina do indivíduo, com grande impacto no organismo materno, provocando um "medo fetal" e criando uma condição simpaticotônica muito intensa, que ocasiona uma contração do sistema nervoso autônomo, com tendência à cronicidade (Navarro, 1988). Assim como a influência de radiações nocivas na etapa intra-uterina (influência de computadores, de lâmpadas fluorescentes etc.) e de abuso de tóxicos (álcool, tabaco, cocaína, heroína, medicamentos etc.).

• *Metabolismo orgonótico (bioenergia)* — Nível baixo de absorção energética e de capacidade de pulsação, com baixa densidade energética e "hiporgonia" (medo embrionário), ou (se o impacto foi fetal) "hiporgonia desorgonótica" (má distribuição da pouca energia presente) (Navarro, 1988). Isso implica que, para manter um certo equilíbrio, o biossistema precisa de um desgaste emocional e energético mínimo, com grande predisposição a perder esse equilíbrio e ocorrer o caos (perceptivo-delirante, psicossomático etc.).

• *Traços caracteriais, relações objetais* — Ao viver uma cisão intra-uterina pré-objetal com impacto suficiente para fixar o biossistema numa posição que impede a adequada coordenação de funções básicas do organismo (Reich, 1945), os processos psíquicos ficam cindidos do núcleo afetivo emocional, desenvolvendo-se com base no mimetismo e na adaptação simbiótica. Reproduzirão condutas de outros, apropriadas, sem uma identidade caracterial, com tendência a certos mecanismos de defesa pontuais como a identificação primária oral, a projeção primária, o isolamento, o desdobramento do ego, a idealização, a onipotência e a fragmentação (usando a terminologia de Millon), mantendo uma compensação caracterial com traços variados (histéricos, compulsivos, masoquistas e fálicos), mas sem ligação e sem "reconhecimento" identificativo dos mesmos, pois são pontuais e miméticos, perdendo, em certos momentos, os limites caracteriais do ego (falta de identidade e de imagem corporal estruturada). Relação carencial oral com mãe autoritária, pai presente-ausente.

• *Bloqueios e tensões musculares* — Entendemos por bloqueio o impedimento da função ou funções que correspondem a um determinado segmento da couraça corporal (ver Reich, 1948; Navarro, 1981) por um distúrbio pulsátil energético que se manifesta na existência de uma hipertensão ou hipotensão muscular, indicando o grau de paralisia do fluxo cefalo-caudal de energia, sendo sempre provocado por uma resposta ao medo (Navarro, 1988). Pode ser hiporgonótico e hiperorgonótico e diferencia-se, historicamente e por sua função patológica, em primitivo, primário e secundário, sendo similar aos miasmas em homeopatia (Navarro, 1990). Nessa estrutura há um bloqueio primitivo diafragmático hiporgonótico (Ferri, 1985), um bloqueio principal ocular hiporgonótico e um bloqueio secundário hiporgonótico com tensões musculares (e não bloqueio) na área cérvico-torácica. Portanto, seus pontos de bloqueio e tensão localizam-se em dois níveis, duas áreas corporais que têm a ver precisamente com esse estresse primário. De um lado, a base encefálica do cérebro, com conexão com os fenômenos perceptivos primários de tipo audiovisual, que vão repercutir constantemente na desconexão de excesso de carga em toda a base hipotálamo-hipofisária, produzindo irritação nessa área em níveis reais; todo o problema de percepção que o indivíduo tem em grau extremo está correlacionado, em grande medida, com esse fator. Não há lesões anatômicas, e sim uma influência de irritação muscular, no nível do polígono de Willis, em toda a área da base encefálica.

Essa situação de bloqueio da base do cérebro está ligada também a um forte bloqueio diafragmático, fruto do impacto que se produz em níveis primários e até intra-uterinos; a conexão da angústia da mãe com o feto (como comprovam estudos recentes) mantém-se não apenas por via fisiológica, mas no nível emocional, por meio do cordão umbilical, e o impacto se dá diretamente no nível do plexo solar e diafragma do feto. Nesse sentido, a incapacidade de desenvolver uma posição diafragmática adequada é marcada por esse impacto, implicando o começo (no sentido de que não é só isso) da futura estrutura do psicótico.

• *Funcionamento neurovegetativo e somático* — Nível metabólico basal reduzido (Hoskins, 1946; Konia, 1971), respiração ínfima, com clara tendência simpaticotônica ou parassimpaticotônica reativa. Devido ao bloqueio dos telerreceptores (primeiro segmento), geralmente fica comprometida a percepção do prazer sexual, mas, às vezes, pode haver episódios e experiências sexuais apoteóticas, fruto do distúrbio hipotalâmico-hipofisário, que repercute na alteração da melatonina secretada pela glândula pineal, com episódios de satiríase e ninfomania, com a base dinâmica de substituição compulsiva da relação pênis-vagina pela boca-mamilo ou mesmo, de acordo com Ferenczi, pelo anelo do útero materno (Serrano, 1989). Em decorrência dessa disfunção, também se observam episódios particulares com relação ao sono, alimentação etc., com prevalência funcional do R-córtex sobre o límbico e o neocórtex (Ferri, 1986). Observam-se também notáveis alterações de temperatura da pele, sudorese ácida, pele seca e desidratada. Tendência às biopatias primárias e transtornos psicossomáticos. O corpo adquire um aspecto mórbido frio, de pele fria, esbranquiçada, suada. Há o reflexo vulgar de um corpo sem formação energética em estruturação muscular. Aparentemente não há tensões, mas o que não existe em seu organismo é uma carga que lhe permita desenvolver uma adequada pulsação energética e, conseqüentemente, ter suficiente contato consigo mesmo e com seu núcleo energético. Por isso é que, constantemente, confundem a realidade com o próprio eu.

• *Realidade atual* — Campo orgonótico-energético (aura) extenso e difuso, que provoca o não se sentir nos limites da pele, produzindo-se, às vezes, fenômenos de percepção extra-sensorial, em relação com o processo glândula pineal-melatonina-percepção, por meio da excitação do campo orgonótico difuso, bem como fenômenos místicos e de alta ação da consciência (lembremos o paralelismo entre os processos neuroquímicos da psicose e do triptofano).

Forte mimetismo com os irmãos, mãe, pai ou com o parceiro. Às vezes, continuam morando com o pai ou mãe até a morte deste ou, se constituem família, a relação com a esposa, no caso do homem, é de útero materno. Trabalho padronizado com *hobbies* paralelos, ou trabalhos de entrega, alternativos, em que projetam suas próprias carências. Esses fatores promovem a manutenção da crise. Quando os pontos de referência atuais, miméticos, se desestabilizam ou caem, temos quadros clínicos de maior ou menor gravidade, podendo desencadear um melanoma maligno em poucas semanas ou uma crise psicótica delirante num momento imprevisto, produzida pelo gradativo processo degenerativo de que são afetadas essas estruturas, repercutindo em primeiro lugar no bloqueio principal, com debilitamento dos tecidos.

A sensação que nos transmitirá, no espaço terapêutico, é de necessidade de envolvimento, de encolhimento, de fraqueza, de proteção, apesar de sua possível capa distante ou de eventuais episódios violentos em situações de crise. Ao mesmo tempo, ao abrir o campo de análise, nós, terapeutas, nos vemos cansados e mais esgotados do que o normal (Serrano, 1988). Há possibilidade de desenvolvimento de uma psicose transferencial ou vínculo transferencial, se houver disponibilidade energética emocional por parte do analista.

ESTRUTURA BORDERLINE (*CAPA CARACTERIAL*) — Refere-se às pessoas que viveram uma situação perturbadora durante o período neonatal, concretamente na fase oral primária (Serrano, 1989), que abrange desde as três primeiras semanas até os 9-12 meses, processo de sensorialidade, de autêntico nascimento do feto humano e de estruturação fundamental do organismo, "*caracterizado pela passagem da prevalência neurovegetativa para a neuromuscular, e na qual se inicia a aquisição da identidade biológica...*" (Navarro, 1987). Essa situação de medo neonatal provoca moléstias psicossomáticas ou biopatias secundárias, considerando que, durante esse período, o patrimônio imunológico está se constituindo. O estar "na fronteira" que caracteriza essa estrutura, como indica sua semântica, gera diferenças substanciais entre diferentes indivíduos com essa mesma estrutura, embora existam alguns parâmetros fixos. Assim, coexistem desde pessoas com um medo neonatal primitivo (primeiros dias, dois ou três primeiros meses), em que ainda não há uma distinção do eu/não-eu e, portanto, uma mínima consciência, mas que conseguiram compensar essa alteração com uma maternagem posterior, ou uma permissividade importante na passagem para o nível muscular, existindo uma capa caracterial com um núcleo psicótico; até pessoas cujo medo neonatal produziu-se em meses posteriores, com mecanismos psíquicos primitivos e com possibilidade de se revestirem progressivamente de traços caracteriais e musculares, mas com uma clara situação de ambivalência oral, mantendo um núcleo depressivo do qual se defendem continuamente com a capa caracterial. As variações também dependem das relações objetais durante a etapa anal e o conflito edipiano, pois, embora permaneça o núcleo psicótico ou depressivo que marca todo o seu funcionamento essencial, a aparência social é determinada pela combinação caracterial: capa masoquista-narcisista; histero-masoquista; narcisista-histérica; masoquista-compulsiva; paranóide-narcisista; histero-narcisista etc. Na capa, o que muda principalmente é a forma de instrumentalizar o caráter para ocultar e manter paralisada a percepção de seu núcleo depressivo ou psicótico. Assim, uns utilizam a hiperatividade, outros, a sedução, outros ainda, o distanciamento, a postura de vítima, mas essas atitudes, em vez de serem fruto de uma catéxis edipiana, têm a ver com uma catéxis oral. (Ver Gráfico B.)

• *Predisposição constitucional* — Podem existir casos com antecedentes biopáticos dos pais, avós. Vida intra-uterina com certa predisposição ao estresse e, portanto, à simpaticotonia.

• *Metabolismo orgonótico (bioenergia)* — "Hiperorgonia desorgonótica" (Navarro, 1988), má distribuição da energia que se acumula em excesso em certas zonas musculares, criando uma forte situação de DOR (*Deadly Orgone Energy* ou energia estancada). Sua capacidade de pulsação é maior do que na estrutura psicótica, mas sua circulação energética está alterada pelos bloqueios superiores; por isso, necessita de toda a sua energia para manter a crise psicótica (primeiro segmento) ou depressiva (segundo segmento). Por isso, o desgaste bioenergético constante leva o indivíduo aos estados definidos por Selye como síndrome de estresse e por Laborit como inibição da ação, com todas as repercussões neurovegetativas e neuromusculares decorrentes. É um estresse não-consciente, o que é a "armação" da estrutura *border-*

GRÁFICO B

Distúrbio durante o período neonatal, concretamente na fase primária (Serrano, 1989).

Capa caracterial com um núcleo psicótico; ambivalência
oral mantendo um núcleo depressivo.

ESTRUTURA *BORDERLINE*
(capa caracterial)

Terreno biopático, distúrbio neonatal.
Psicossomatizações.

Hiperorgonia desorgonótica (Navarro). Pouca
identidade egóica.

Ambivalência objetal amor-ódio. Paranóide.
Narcisismo.

Ocular hiper, oral hipo ou hiper, pescoço hiper.
Diafragma hipo ou hiper.

DISTÚRBIO NEUROVEGETATIVO.

RELAÇÕES ATUAIS: DEPENDE DA CAPA.

Capa masoquista-narcisista; histero-masoquista; narcisista-histérica; masoquista-compulsiva; paranóide-narcisista; histero-narcisista... O que muda na capa é fundamentalmente a forma de instrumentalizar o caráter para ocultar o contato com o vazio e a sensação de morte (conflito nuclear).

line, pois, para não cair na percepção de seu núcleo primitivo — procurando sobreviver —, vão morrendo lentamente, sendo típicas as moléstias agudas (infartos, hipertensão, diabetes etc.). Nesse estado influi de modo determinante o DOR superficial. Há um vazamento energético que precisa ser constantemente coberto, usando da ação social (caracterial) para consegui-lo.

• *Relação objetal e traços caracteriais* — A ambivalência durante a relação objetal oral, ou a possessividade que impede a separação-identificação, provoca uma fixação nesse estágio, que, em muitos casos, impede o acesso à dinâmica libidinal edipiana, desenvolvendo uma base caracterial reativa anal para salvar sua depressão e seu núcleo oral. Vem daí que os diversos traços caracteriais sejam de cobertura (capa) e estejam em função do medo neonatal ao qual foram submetidos em relação à figura do pai e sua ação estruturante. Fundamentalmente, o caráter é instrumentalizado pelo núcleo psicótico ou depressivo, desenvolvendo "personagens", papéis, pois não há uma identificação caracterial.

Encontramos, então, pessoas com forte medo do futuro, acentuada falta de contato com suas necessidades reais, sendo mentirosos consigo mesmos para ocultar sua falta de definição e de identidade, justificando essa ausência com o discurso ideológico-dogmático; pobre ego e pobre superego, com forte carga de destrutividade, dispersão; procuram "ficar bem" acima de tudo; inveja e difamação normatizada ou submissão idealizada. É típico o uso de certos mecanismos de defesa, segundo o caráter imperante, a saber: intelectualização, identificação projetiva, supressão, introjeção-internalização; rejeição; negação; evitação; reinversão; desdobramento dos imagos; forclusão, onipotência e idealização (alguns deles descritos por Kernberg).

• *Bloqueios e tensões musculares* — Bloqueio primitivo ocular hiperorgonótico. São típicos os transtornos oculares, fruto da hipertensão superficial, diferentemente do psicótico que, em geral, por bloqueio não tem carga suficiente para dar conta da tensão ocular superficial, observando-se o olhar distante, estático, mas sem transtorno "mecânico". É um bloqueio principal oral, geralmente hiperorgonótico, mas às vezes pode ser hiporgonótico (casos primitivos).

Dependendo da capa caracterial, o bloqueio secundário geralmente se dá no terceiro segmento (cervical) e no quinto (diafragmático), sempre hiperorgonóticos.

Sua estrutura corporal é aparentemente de rigidez e de tônus muscular, mas em uma observação mais atenta percebemos as compensações dos bloqueios e a conseqüente desarmonia, havendo em determinadas áreas, como o tórax, uma tensão superficial compensatória.

• *Funcionamento neurovegetativo e somático* — "Simpaticotonia aguda ou parassimpaticotonia reativa, com possíveis biopatias secundárias e transtornos somatopsicológicos" (Navarro, 1988). Sudorese ácida e de cheiro forte, com alterações térmicas bruscas durante as sessões.

Prevalência do cérebro límbico sobre o neocórtex, embora este exerça, mais uma vez, a função compensatória e aparentemente predominante.

• *Realidade atual* — Se não houver crise, costumam manter uma relação afetiva vinculante, fruto do deslocamento do objeto primitivo materno para esta figura atual; ou, no extremo oposto, há os que levam uma vida afetiva e sexual promíscua para não se vincularem a ninguém. Esses contrastes extremos são típicos desta estrutura, mas o fio condutor, nos termos de Reich, isto é, a funcionalidade comum a ambos os comportamentos, é o mesmo: vincularem-se a pessoas que não lhes causem conflitos ou até que possam fazê-los entrar em crise.

Costumam estar bem integrados socialmente, com cargos de responsabilidade ou, ao contrário, deparamo-nos com fortes situações marginais, fruto de momentos pontuais reativos (drogas, delinqüência, criminalidade etc.). Na maioria dos casos, os que se consultam estão em, ou vêm em situação de crise e desejam ajuda pontual, ou tentarão, a todo custo, livrar-se do envolvimento e apelar para fatores externos mais ou menos justificáveis para seu sofrimento ou moléstia. É difícil estabelecer um vínculo terapêutico.

Existe a impotência orgástica e a dinâmica sexual estará novamente vinculada à capa, embora sempre com base oral.

As sensações do analista, durante as sessões com pessoas dessa estrutura, estão ligadas à confusão, dispersão, irritação, sinais que denotam contratransferência com uma estrutura caracterial *borderline*, a qual, devido a seu campo orgonótico limitado, ao metabolizar o DOR, no encontro dos dois campos energéticos, altera o metabolismo orgonótico do terapeuta. Evidentemente, isto é sempre involuntário no paciente, sendo numa óptica reichiana, uma resposta inconsciente.

ESTRUTURA CARACTERIAL NEURÓTICA — Nas pessoas com essa estrutura, cada vez menos observada em nossa sociedade enquanto aumenta o número das estruturas anteriormente citadas, predomina a organização caracterial, na medida em que o Ego se expressa por meio do caráter de forma encouraçada, limitada e com filtros, segundo o modelo imperante de família e a ordem social estabelecida. Por isso, para Reich, embora o caráter proteja o ego, não o deixa crescer, sendo "sua armação a estrutura caracterial" (Reich, 1954). Observa-se uma normalidade e uma adaptação ao meio, perturbada por somatizações ou episódios psicopatológicos diversos, e não apenas "neuróticos" segundo a descrição clínica, sendo o próprio caráter um sintoma a mais, embora sintônico, não reconhecido, que mantém uma perturbação libidinal genital, com prevalência de períodos pré-genitais segundo cada tipo de caráter. O termo "neurose caracterial" de Reich estaria implícito a esta estrutura. (Ver Gráfico C à p. 73)

• *Predisposição constitucional* — Sem antecedentes biopáticos na mãe; podem ocorrer no pai ou nos avós. Sem distúrbio estressante na vida intra-uterina.

• *Metabolismo orgonótico (bioenergia)* — Ao estar limitada sua capacidade de pulsação, pela falta de circulação energética céfalo-caudal devido à couraça muscular, a descarga do excedente bioenergético; se vê impedida; com isso, há uma estase que é vinculada a uma desorgonia no metabolismo orgonótico, favorecida pela catéxis caracterial e pelas somatizações ou transtornos psicopatológicos pontuais. Essa estase energética ocasiona um estado de ansiedade diafragmática que impulsiona o "pseudocontato" e os estereótipos sociais, mantidos pela "impotência orgástica" (Reich, 1927).

• *Relações objetais e traços caracteriais* — "O fator patológico na estrutura caracterial neurótica não é o conflito sexual infantil e o complexo de Édipo como tal, e sim a maneira como se resolveram" (Reich, 1933). Essa necessidade de adaptação e resolução nos limites do desenvolvimento libidinal, de forma constante e estratificada, desde a fase oral secundária (10-12 meses) até 5-6 anos, vai formando os traços caracteriais, estruturando-se com a resolução edípica. Favorecido pela defesa da racionalização psíquica e sem prejudicar de forma vital o biossistema, vai estratificando a couraça, compensando certos momentos disfuncionais primários com a relação objetal posterior. Sua capacidade de contato e de reconhecer suas necessidades biológico-energéticas vê-se limitada, e as necessidades sociais passam a dominar. Existe uma identificação caracterial, com os traços caracteriais que ocorrem, de forma combinada, nos indivíduos dessa estrutura: "o compulsivo, o masoquista, o passivo-feminino, o histérico, o fálico-narcisista" (Reich, 1934).

Os mecanismos de defesa predominantes serão a formação reativa, a repressão, a condenação, a projeção secundária, o narcisismo secundário, o deslocamento, a sublimação e a racionalização.

• *Bloqueios e tensões musculares* — Tensão muscular generalizada, com bloqueios hiperorgonóticos — segundo os casos, na zona cervical, torácica, diafragmática e pélvica —, que refletem a impossibilidade de abandonar-se ao conflito amor-ódio objetal edípico e às sensações orgásticas. Com um forte conflito subjacente à autoridade e com pseudocontato relacional.

• *Funcionamento neurovegetativo e somático* — Distonia neurovegetativa com mais ou menos sintomas. Respiração inibida e superficial, para favorecer o pseudocontato e sua limitação perceptiva: "não sofrer muito, mas também não gozar muito". Prevalência do neocórtex, sem integração com o límbico e o R-complex. Seu funcionamento sexual baseia-se na potência de ereção e funcionamento mecânico-genital, mas com capacidade de prazer limitada e com impotência orgástica. Também pode haver disfunções sexuais pontuais, de tipo reativo. Tendência a manter os papéis sexuais vigentes de acordo com a ideologia dominante. Somatizações.

• *Realidade atual* — Tenderá a uma estabilidade profissional, afetiva e relacional, a não ser que esteja passando por um período reativo pontual, que devemos saber identificar.

Podem consultar-se por problemas relacionais, no trabalho, de comunicação; sexuais; ou por sintomatologia somática neurovegetativa: insônia, azia, taquicardia, ansiedade; ou ainda por sintomas psíquicos: obsessão, fobia, inclusive por episódios psicóticos ou depressivos. Mas o fio condutor, o essencial, será sua capacidade biofísica de contenção dos conflitos, que, junto com os dados anteriores, nos levam a defender um diagnóstico diferencial nessa estrutura, visto que aparentes sintomas "neuróticos" podem se manifestar em pessoas com estrutura caracterial *borderline* ou psicótica, em que a abordagem é muito diferente.

Haverá neurose de transferência e aliança terapêutica (Greenson, 1967), que facilita o trabalho sistemático de vegetoterapia caractero-analítica. O analista pode sentir a distância que o paciente mantém com o "outro", produzida pela contínua pulsação do campo orgonótico, mas de escassa expansão, a não ser no momento de "abrir uma brecha na couraça" (Reich, 1954).

É evidente, portanto, que toda estrutura vai sendo gestada desde a vida intra-uterina e, por isso, é necessário tomarmos conhecimento de alguns acontecimentos que ocorrem nos períodos evolutivos básicos e condicionam o desenvolvimento organísmico e psíquico do indivíduo, criando uma estrutura ou outra, com maior ou menor identidade do ego. A partir do DIDE (Diagnóstico Diferencial Estrutural), é possível compreender certas situações fundamentais que se realizam durante esses períodos-chave e, portanto, preveni-los de modo mais eficaz.

CAPÍTULO IV
A ECONOMIA ENERGÉTICO-SEXUAL NO DESENVOLVIMENTO INFANTIL

Gravidez e vida intra-uterina

O desenvolvimento das funções mais complexas é condicionado pela progressiva evolução desimpedida das funções simples anteriores. Por outro lado, sabemos que a função cria o órgão. Esses dois referenciais nos levam a situar o amadurecimento biopsicoafetivo do indivíduo como conseqüência de uma evolução desde o momento inicial da célula "mãe" (zigoto), que já tem em si um componente dinâmico: o desejo de fecundidade, da concepção de um novo ser. Assim, a resposta neuro-hormonal e fisiológica da mulher diante de sua gravidez estará em concordância com seu psiquismo e com suas emoções, favorecendo um biossistema sadio como unificação e integração de funções para uma finalidade. Mas quantas respostas divididas existem já nesse período inicial! Ambivalências, dúvidas, rejeição, negação emocional e pressão social. Não nos tornamos donos de nossas funções orgânicas só pelo fato de querermos ou não alguma coisa. Há um funcionamento mecânico do órgão, certas influências inconscientes e uma realidade neuro-muscular estruturada como couraça, que condicionam, por sua vez, todo o funcionamento neurovegetativo e, portanto, o estado emocional e, em conseqüência, a percepção e autopercepção dos processos. Por isso, a unificação de funções não é freqüente, sendo mais comum-depararmos com a dissociação, fruto das pressões sociais atuais e interiorizadas na forma de superego e de bloqueios afetivos e musculares. E tudo isso condiciona, na mulher, a experiência da gravidez e repercute indiretamente no processo de desenvolvimento embrionário e fetal, ou seja, no Organismo Humano Intra-uterino (OHI).

Esse triângulo interacional (ver Gráfico D) condiciona a vida intra-uterina e a gravidez. E uma vez que o objetivo da gestação é proporcionar a base estrutural de um organismo, a responsabilidade, durante esse período, de todas as pessoas envolvidas é muito grande. De acordo com Pinuaga (1988), descrevo a seguir as características que favorecem uma gravidez funcional, promovendo o *vínculo* emocional e bioenergético necessários para o desenvolvimento holístico do ser vivo:

A - Gestante com estrutura próxima à estrutura caracterial genital.

• Couraça caractero-muscular flexível.

• Respiração solta.

• Bom contato ocular, olhar móvel e brilhante.

• Pulsação bioplasmática positiva e capacidade de contato.

• Ausência de bloqueio diafragmático e pélvico; experiência orgástica.

• Possuidora de sentimentos calorosos e ternos para com o parceiro e o bebê desejado.

B - Pai com boa capacidade de contato e de entrega amorosa e orgástica.

C - Condições infra-estruturais adequadas para suprir as necessidades do novo membro da família.

Tudo isso constitui exceção, mas serve de referência e objetivo social. O habitual é depararmos com uma gestação "normal" ou patológica, conforme a gravidade dos dados que relaciono, mas que sempre limitam a potencialidade funcional do biossistema do organismo intra-uterino. As conseqüências mais extremas desse período, se não houver aborto espontâneo ou parto prematuro, são a predisposição à psicose e às biopatias primárias ou doenças psicossomáticas neuroendócrinas, devido ao "medo embrionário" que, segundo F. Navarro (1988), afeta em particular o tecido conjuntivo, impedindo seu funcionamento normal, ou ao "medo fetal", que afeta o sistema nervoso autônomo. Esse medo não é psíquico, mas uma resposta visceral, de contração da própria célula perante a falta de "contato" e de calor bioenergético-emocional do ecossistema materno, motivo pelo qual as repercussões são nucleares.

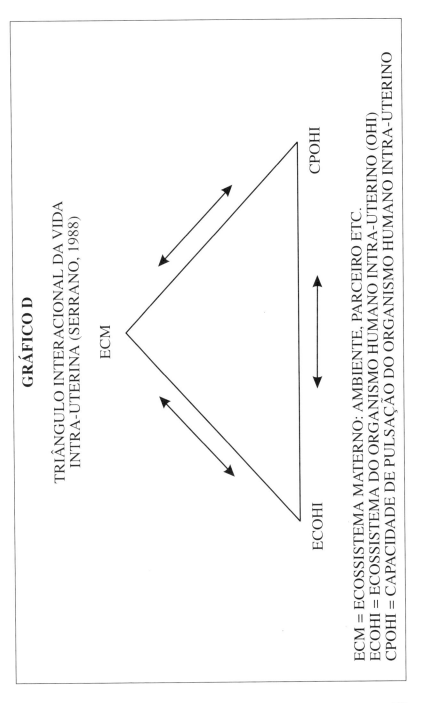

Gravidez disfuncional:

A - Características da gestante:

• Existência de couraça rígida ou hiporgonia.

• Dificuldade[1] ou ausência de contato.

• Olhar vago, fugidio, fixo.

• Respiração controlada ou reduzida. Bloqueio cervical-diafragmático.

• Bloqueio diafragmático hiper ou hiporgonótico.

• Pélvis bloqueada, sexualidade diminuída ou distorcida; impotência orgástica.

• Interiorização socioideológica da gravidez como um período sem importância para a experiência do bebê, que é preciso "agüentar".

B - Disponibilidade negativa do parceiro, devido ao surgimento de conflitos dinâmicos, limites sexo-afetivos. Pai ausente ou inexistente.

C - Condições socioeconômicas, médicas e familiares adversas (excesso de trabalho por pressão na empresa, tóxicos, radiações etc.).

Cada gravidez será uma experiência diferente e, embora haja alguns padrões gerais de desenvolvimento, tanto da perspectiva somática como do processo psíquico, ambos vão depender da estrutura caracterial da gestante (Serrano, 1988).

Observamos, assim, que uma gestante com estrutura *borderline* (Serrano, 1987) proporciona a seu OHI uma matriz com certa pulsação plasmática que, embora "seja vivida com insatisfação", não lhe traz sofrimento nem uma experiência de pânico determinante para seu assentamento e organização celular; mas receberá pouca oxigenação sangüínea da mãe e uma invasão hormonal desestabilizadora para seus débeis circuitos de integração, fruto da impossibilidade de contato da mãe *borderline*, que a impede de vivenciar conscientemente as novas emoções da gravidez, com conseqüentes reações neurovegetativas que vão predispor o feto a uma simpaticotonia, a uma diminuição de tônus muscular e a uma desorganização do Ego. Nesses casos, a experiência do parto e a relação objetal neonatal serão fundamentais para assentar a predisposição biopática e um forte núcleo psicótico, ou para compensar essa desorganização com uma boa relação objetal — o que não é

---

1. Empatia, capacidade de sentir-se e de sentir, de "aperceber-se", de emoção. "Sensação de órgão."

fácil numa estrutura *borderline* —, que lhe permitirá uma estruturação caracterial, com tendência ao desenvolvimento de biopatias secundárias (Navarro, 1988).

A mulher com estrutura psicótica no nível somático pode viver uma gravidez tranqüila, com um nível de ansiedade até menor do que o normal e sem presença de outras variáveis psicopatológicas, como depressão ou estados maníacos. Temos observado, inclusive, em pacientes esquizofrênicas tratadas com neurolépticos, que ao ficarem grávidas deixavam de necessitar desses medicamentos, desaparecendo as alucinações e a sintomatologia. Com isso não queremos dizer que a experiência seja ótima para o Organismo Humano Intra-Uterino, pois, dado o baixo nível de pulsação bioenergética e a disfunção neuro-hormonal e neurovegetativa da mãe, a resposta deste será de contração e medo celular. Mas a mãe, na medida em que está se vivenciando "carregada", psicológica e energeticamente falando (processo de "luminação" descrito por Reich), viverá a experiência como positiva, pois lhe serve de compensação. Mas com sério perigo de depressão pós-parto ou de agravamento de seu quadro, depois do parto.

Na gestante com estrutura caracterial neurótica, uma vez que se trata de caráter estruturado e fixação histórica predominantemente edípica, encontramos um bloqueio cervical-diafragmático-pélvico, que é alterado pelas mudanças energéticas produzidas pela gravidez, dando base às "clássicas" respostas sintomáticas de uma gravidez "normal", em termos estatísticos: vômitos, anemias, hipotensão, receios em relação ao parto e a possíveis deformidades do filho. Mesmo assim, para o O.H.I. a experiência será mais branda, recebendo uma alteração dos valores hormonais se a situação de incerteza ou de ansiedade da mãe for excessiva e não for veiculada para fora, isto é, se a mãe não tiver ou não puder expressar suas emoções durante esse período.

Temos ainda observado na experiência clínica que os mesmos sintomas podem aparecer numa gravidez "sadia" ou, paradoxalmente, numa gravidez de alto risco, quando se trata de gestante com uma estrutura psicótica concreta. No caso, a aparente ausência de "sintomas" durante a gravidez.

Por isso, utilizamos o Diagnóstico Diferencial Estrutural (DIDE, ver Serrano, 1990) para conhecer, em profundidade, cada experiência individual e adotar, em cada caso, as medidas profiláticas adequadas, tanto nesse período como posteriormente.

De concreto, durante a gravidez— junto com medidas adequadas de higiene, trabalho e alimentação — procura-se promover e potencializar fundamentalmente a sensação de vínculo com o OHI, de aceitação (desde que se tenha decidido voluntariamente ter o bebê) e a elaboração dos temores, ansiedades, emoções que essa experiência traz para o "casal grávido" (mãe-pai) (Pinuaga, 1988), num espaço adequado para a veiculação dos afetos. E, junto com essa tarefa imprescindível, acompanhar o processo da gravidez, interiorizando-o como uma continuidade. Como costumamos dizer, a experiência não se encerra com o parto, pois a necessidade de vínculo afetivo, de calor, continua. O mais importante é tomar consciência e assumir com prazer sua função de mãe e de pai.

Dentro do movimento pós-reichiano, recolhendo as elaborações de Silvert, Raphael e Jones, desenvolveu-se uma sistemática que permite abordar de forma estruturada e metodológica a obtenção dos objetivos preventivos e vinculá-los com os meios necessários para alcançá-los. Essa sistemática foi denominada vegetoterapia pré-natal (Navarro, 1980; Pinuaga, 1988). Em síntese, sua práxis seria:

Em primeiro lugar, se a mulher não tiver feito análise pessoal (que é o ideal para alcançar o desbloqueio e melhorar a capacidade de pulsação energética), é importante o diagnóstico e o conhecimento da situação em que a gravidez vai se desenvolver (o filho é ou não desejado, é ou não conveniente tê-lo na situação em que se está etc.).

Após esse diagnóstico, vê-se a possibilidade ou não de trabalhar com esse método, e se o casal está disposto a seguir o trabalho na forma e nas condições que vamos expor.

Se assim for, realizam-se *sessões individuais com a mãe*, nas quais se terá como método o trabalho da vegetoterapia, ou seja, o desenvolvimento do desbloqueio dos sete segmentos da couraça, sempre combinando a análise com o trabalho corporal. Não se trata de uma análise completa, e sim (usando o método da vegetoterapia) de levar o método à moldura específica da gravidez, aproveitando as características específicas, tanto dinâmicas como energéticas, desse terceiro estado, diferentemente de uma situação normal, em que se vivenciam muitas experiências interessantes que não se dão cotidianamente, mas que é preciso saber integrar. O objetivo dessas sessões individuais é entrar em contato com seu interior, como premissa fundamental para entrar em contato com o feto. Esse contato vai possibilitar à mãe saber, a cada momento, o que ela está sentindo em relação à realidade. Por outro lado, a capacidade de expressão ou de exteriorização é muito importante, e permite saber o que se está sentindo (a partir, por exemplo, de uma situação estranha ou de uma dor que a mãe tenha), que é o que o corpo quer ou precisa expressar para que essa situação desapareça. Isto será fundamental para o momento do nascimento, porque se procurará não controlar a situação, e sim vivenciar plenamente a experiência do nascimento; e para vivenciá-lo de forma positiva, a base será a capacidade de expressão das emoções ligadas à experiência do nascimento (de ruptura pélvica e fortíssima saída de energia que ocorrem nesse momento).

Essa capacidade de expressão e a tomada de contato são os objetivos a serem alcançados, trabalhando com o método da vegetoterapia.

Durante o primeiro segmento, abordam-se todos os medos e fantasmas inconscientes que surgem durante a gravidez. Trabalha-se sobretudo com o medo da dor e de perder o aspecto físico (situação narcisista do físico da mulher), que é acompanhado por uma queda na energia libidinal. Esse segmento ocular é muito importante, porque, dentro do trabalho com todos os segmentos, é aquele que permitirá à mãe a tomada de contato constante, durante a gravidez e no momento do nascimento, para que durante esse período não se produzam situações de dispersão e de falta de contato com a criança, mas sim que, a todo momento, a relação dos dois seja vivenciada. O aumento de energia que ocorre na gravidez tende a levar a energia geral do corpo para cima, isto é, para os dois primeiros bloqueios, que são os que geralmente precedem o trabalho da pélvis. Essa constante subida da energia faz com que se precise trabalhar constantemente o segmento ocular, porque há uma tendência a perder o contato com a realidade. Por outro lado, trata-se de compensar todas as influências culturais, segundo as quais o parto é vivenciado como algo que dá medo, enquanto se espera que o médico ou outra pessoa resolva o problema, quando, na verdade, é a mulher quem deve exercer sua função (ver Langer, 1982, e Soifer, 1973).

No segundo segmento, ou oral, aborda-se, fundamentalmente, a tendência depressiva (que se produz em muitas situações), fruto das contradições entre a posse da criança e a reativação da relação com sua própria mãe. Essa ambivalência que se dá na mulher, justamente pela situação de oralidade que se desenvolve e que se tem normalmente, é trabalhada expressando parte da raiva oral, já que a mandíbula é um dos mecanismos defensivos que mais serão usados no momento do nascimento. Essa retenção estará muito ligada à retenção dos masseteres e à inibição da expressão, do grito, da voz.

No terceiro segmento procura-se atenuar as tendências de controle narcisista e as atitudes de resignação e de vitimização masoquista, abrandando o funcionamento do controle intelectual, tão presente na gravidez, vivenciando o parto como algo externo, justamente por essa necessidade de controle, quando o importante é centrar-se em si mesma e vivenciar o nascimento como uma experiência própria (que levará o tempo necessário).

No quarto, quinto e sexto segmentos, o trabalho fundamental seria a recuperação da respiração completa (tórax, diafragma e abdômen, respirando em uníssono), para que exista uma real capacidade de expressão e um aumento da tomada de contato com a emoção, sem que existam diferenças de movimento entre os três segmentos, porque, caso contrário, se estará impedindo que a energia circule totalmente para a pélvis, proporcionando a capacidade de contato, de sentir e de expressar, e reduzindo a vazão energética. Isso também vai ajudar muito no momento da expulsão porque, sabendo como desenvolver a mobilização do diafragma no instante do nascimento, haverá um aumento expressivo das sensações ou vibrações vegetativas que o diafragma tem, para cima e para baixo (no diafragma está o plexo solar, que é onde se situa a união da maioria dos nervos vegetativos). Ou seja, há muita energia e, sabendo canalizá-la para a pélvis, possibilita-se o fluxo energético total no momento da expulsão.

A ruptura da tendência masoquista que se dá na mulher durante a gravidez, sob a óptica de "eu me sacrifico por você", é feita ao trabalhar com esse segmento, transformando-se o sacrifício em ação voluntária, de prazer e de desejo.

No segmento pélvico é onde se pode abordar a possibilidade real de abrandar a musculatura pélvica, acompanhada de uma aceitação da sexualidade e da identidade corporal como mulher e como mãe. Junto com essa abertura da pélvis, procura-se reduzir a sensação de "dever" que a mãe tem ao dar à luz, de obrigação, o que impede a sensação de prazer que o corpo pode vivenciar, num momento em que o prazer é visto inconscientemente como perigo, como algo que não deve haver.

Com essa preparação, promove-se a funcionalidade do nascimento e observa-se que, desde o oitavo mês, ocorrem contrações de dilatação, porque dessa forma o parto não ocorre de modo momentâneo, havendo todo um tempo (um mês ou dois) em que as contrações já são de dilatação. Contrações mínimas, mas que respondem um pouco a essa situação filogenética de adaptação ao meio, não havendo necessidade de uma situação de parto induzido ou forçado, porque este segue o curso natural. Por isso, o parto é vivenciado como algo a dois, mais uma terceira pessoa, que seria o pai.

Paralelamente às sessões individuais, realizam-se também sessões em grupo, nas quais se trabalha com vários casais, procurando fundamentalmente romper os mitos e temores individuais (que existem no nível inconsciente) e as situações de contradição que são vividas constantemente durante esse período. Uma das funções desse trabalho é integrar o companheiro na dinâmica do parto e da gravidez, porque assim a mulher não vivencia (entre outras coisas) a ausência, a solidão, ou seja, não está sozinha, está com o companheiro. O envolvimento dessa outra pessoa na análise vai possibilitar, nesse terceiro estado que é a gravidez, que se possam solucionar muitos dos conflitos que são vivenciados ou que levam a confusões.

Muitas vezes, o marido ou companheiro faz projeções maternais com a mulher grávida, vive situações fortes de ambivalência, a mulher vive situações sexuais especiais e, no momento em que há uma situação maternal — a mulher tornando-se mãe —, o marido pode vivenciar isso inconscientemente, surgindo a ambivalência amor-ódio que, na situação edípica, é vivida com a mãe; com isso, desenvolvem-se situações aparentemente irracionais na convivência com a mulher. Estas vão aparecer no grupo e, a partir da análise e da troca de experiências, irão-se transformando numa situação mecânica — como pode parecer a gravidez —, emocional e vivencial de nove meses, que, muitas vezes, serve para que o casal mude ou se estruture para ver as coisas durante esse período, de modo que o envolvimento pessoal dos dois é muito maior do que em qualquer outro momento. Também são analisadas as eventuais somatizações que a mulher tenha e se vêem suas causas. Junto com tudo isso estaria o uso do *acumulador de energia orgônica* (OrAc), como meio de potencializar o fluxo orgonótico do feto e aumentar a oxigenação e a carga celular da mãe (DeMeo, 1989).

Passagem intra/extra-uterina: o parto

A passagem intra/extra-uterina ou parto cumpre, fundamentalmente, a função de estimulação cutânea profunda, com a conseqüente estimulação de todos os centros do sistema nervoso central. É um treinamento para deixar o mundo anfíbio e passar ao mamífero. Daí a importância do parto vaginal e de respeito aos ritmos de saída do feto, desde que não haja quadros patológicos. Uma vez mais, nessa atividade humana, encontramos ora uma resposta unitária dos diferentes sistemas para cumprir a função do parto (contato energético-emocional e psíquico da mãe), resposta neurohormonal ao nível pélvico e diafragmático adequada, ora partos com respostas adequadas em alguns sistemas, mas sem correspondência nos outros. Encontramos, assim, mulheres com forte emotividade e capacidade de vivenciar a experiência, com adequada resposta neurohormonal, permitindo que o trabalho de parto prossiga bem mecanicamente, mas sua resposta muscular pélvica, na expulsão, não funciona, e aparece forte dor, medo e tendência a perder o contato, freando assim o funcionamento unitário. Com o uso do DIDE, observamos que as mulheres de caráter neurótico que têm esse tipo de parto (Serrano, 1988-90). Em contraste, há os partos "rapidinhos" em que, mesmo as primíparas, têm uma resposta hormonal excessiva, sem barreira muscular ("o nenê saiu e pronto"), com falta de experimentação fusional dessa função. Esse modo de atuação é encontrado nas mulheres com estrutura psicótica (que podem estar "normalizadas"), pois não há tensão muscular que freie a expulsão. Os partos cesários por falta de resposta neurohormonal ou neuromuscular, costumam ocorrer em mulheres com estrutura *borderline*, em que o bloqueio ocular que afeta o centro emocional e neurohormonal — o sistema diencefálico-hipofisário — impede a funcionalidade da ação, o que é favorecido, dinamicamente, pelo medo ao abandono, a seu próprio parto, por uma preferência pela passividade e por não vivenciar ativamente a experiência. Em muitos desses casos, são as próprias mulheres que pedem *a priori* a cesariana, com anestesia geral ou sorologia, o que, do ponto de vista emocional e caracterial, tem a mesma lógica funcional: evitar a experiência.

Um parto em condições saudáveis seria um momento vital para toda a unidade familiar, ponte que permitiria o contato com um organismo que, até então, foi sentido e fantasiado através das emoções. Agora pode ser olhado, acariciado, embalado, beijado, começando a inter-relacionar-se imediatamente com o meio. Serve como exemplo o fato de que mamar no peito estimula a contração uterina, entre outras coisas.

E para promover esse objetivo, essa continuidade e fortalecimento do vínculo com a estrutura familiar, sobretudo com a mãe, como fusão biológica e bioenergética, que permitirá a instauração de um adequado funcionamento do sistema imunológico e uma progressiva identidade egóica, o ecossistema é muito importante. Desde a presença ativa do pai — tarefa para a qual foi orientado durante todo o período da gravidez — até a atuação dos profissionais, que deverão permitir o ritmo do parto, para não romper traumaticamente o próprio ritmo biológico do feto, e o tempo necessário para vivenciar essa experiência da estrutura familiar[2] — e não propriedade do hospital. Não é um ato patológico, é uma experiência humana dentro de um sistema familiar concreto, com suas particularidades.

Por isso, o objetivo é o parto em casa, com um diagnóstico estrutural e analítico prévio, que permita adiantar como vai ser a experiência, para prevenir possíveis patologias, e a criação de linhas diretas entre o lar e as maternidades para situações patológicas ou até, como na Suécia, contar com a existência de ambulâncias-berçário perto de casa. Além disso, com respeito à experiência íntima, o profissional tem a função de consultor e de interventor em crises ou em momentos como a expulsão, em que a técnica médica é necessária ou benéfica. Mas nunca deveria ser o "diretor" da experiência, muito menos o seu protagonista, como ocorre na maioria das salas de parto. Já está bem demonstrada a validade da técnica de Leboyer, com as particularidades apontadas por outros profissionais como Eva Reich, Odent etc., permitindo colocá-las em prática.[3] A meu ver, essa técnica precisa avançar para o discurso manifesto, contemplando o parto já desde a vida intra-uterina/gravidez e como um *continuum* com os primeiros meses do bebê. Isto exige o trabalho em equipes multidisciplinares com ginecologistas, obstetras, pediatras e psicoterapeutas, de preferência de formação psicodinâmica e reichiana, com orgonomistas especializados em profilaxia.

Quanto à assepsia médica e à higiene, que tantas vidas salvaram, devem ser introduzidas nessa prática holística, reconhecendo-se sua validade, sobretudo levando em conta a alteração estrutural da maioria das mulheres devido à existência da couraça caractero-muscular, a qual impede de falar em parir naturalmente. E uma vez que perdemos a funcionalidade com a natureza, não podemos defender idealisticamente respostas naturais. A experiência clínica demonstra que os partos prematuros ou perigosamente atrasados, a falta de cuidado para que a estrutura

---

2. Com um espaço adequado para viver a intensa experiência emocional que o parto implica.
3. Destaco o trabalho que nesse sentido realizam o grupo Acuario de Valencia, a dra. Aznar em S. Sebástian, o Centro Médico Integral em Barcelona e o grupo Géminis em Madri, entre outros. Ver livro de Fernández, I., 1994.

familiar assuma a experiência com prazer e ativamente, o medo do parto que existe na maioria das mulheres, podem nos fazer cair na tentação de apoiar o parto médico. Mas devemos superar essa tentação, sendo dialéticos, a partir do reconhecimento do que existe e procurar formas de mudar isso. É necessário estender o trabalho da psicoprofilaxia por profissionais formados nos métodos holísticos, como a orgonoterapia prénatal, e parar de fazer ginástica disfarçada para gestantes. Também é necessária a participação da equipe desde o começo da gravidez, parto e pós-parto, criação de campanhas de conscientização social para que seja vivenciada como uma experiência com uma função e um objetivo, que exige grande responsabilidade, e que como tal deve ser feita por prazer e com certos requisitos mínimos que a permitam, pois trata-se de predispor para a vida, ou predispor um organismo para a morte lenta em vida. Campanhas em que seja desmistificada a ação de parir e se ofereçam alternativas ao atual sistema passivo e mecânico. Este é o nosso compromisso como profissionais. Devemos assumir uma postura ativa, reivindicativa, e não participar desse trabalho de "algozes de Cristo que há em cada criança", para usar uma frase de Reich.

O trabalho do terapeuta durante o nascimento cumpre três papéis:

1. Evitar que a mãe perca o contato no momento da saída ou expulsão, pois é um momento muito forte, com muita tensão e grandes emoções consecutivas. Em geral, como já assinalamos, a mãe tende a se retrair completamente em si mesma e a inibir as sensações que está tendo com o filho, procurando evitar a dor e fazer com que a situação termine o quanto antes. Nesse momento (que pode durar uma hora ou mais), a criança fica totalmente esquecida e fora de contato com a situação materna.

2. Ajudá-la constantemente, por meio dessa tomada de contato, a expressar tranqüilamente a emoção ligada a essa tensão (a tensão muscular unida a uma emoção reprimida). Pode ocorrer que com a expulsão do feto, se a mãe souber vivenciá-la e entrar em contato, encontre muita raiva, tristeza ou ambivalência entre as emoções de prazer, de ódio ou destrutividade, que se expressarão com a ajuda do terapeuta (proporcionando os meios adequados); imediatamente (pois, havendo expressão, há expansão ou vagotonia) dá-se uma abertura da pélvis, fazendo com que a criança escorregue (literalmente) para fora. Quando isso não ocorre, isto é, quando há controle, retenção e perda de contato, logicamente a tensão muscular vegetativa involuntária continua igual, e portanto a musculatura pélvica continua contraída (pois é involuntária) e a expulsão é muito lenta e difícil.

88

3. Desenvolver *os primeiros auxílios emocionais à criança recém-nascida* (Eva Reich). Depois do nascimento — e dependendo de como nasceu — a criança precisa de uma espécie de massagem. Observa-se como está o sistema corporal, no nível funcional, e, caso necessário, se a criança nasceu com um pouco de contração, tenta-se evitar isso desde os primeiros momentos. Mas essa massagem deve ser feita pela própria mãe, ou pelo pai, estando o bebê perto da mãe e do peito. Não estamos de acordo com a visão de Leboyer, o qual, para massagear o bebê, separa-o do corpo da mãe, e, portanto, promove a perda de contato e a sensação de angústia visceral e de separação de si mesmo que o bebê vivencia quando é separado do corpo da materno, que ainda vivencia como seu, e o sente tanto nos níveis hormonais como energéticos. Daí ser tão importante o contato pele a pele entre a mãe e o bebê, o que ninguém tem o direito de impedir, muito menos em nome de falácias científicas como a higiene ou os objetivos pediátricos de pesos e medidas. O recém-nascido necessita é de tranqüilidade, contato com o corpo da mãe, sugar o peito da mãe e, numa atmosfera cálida, reconhecer progressivamente sua metamorfose, sua nova situação mamífera. E para isso é preciso tempo!!!

Assim, o processo de parto deve ser desenvolvido a uma temperatura ambiental similar à que existe no meio fetal (30° a 35°C, pois o feto está a 37°C). O ambiente deve ser íntimo. A luz, mínima. Não se procede ao corte do cordão até que a criança comece a respirar por si mesma; não haverá nenhuma separação da mãe após o nascimento, pois assim que o bebê nascer a mãe o põe por cima dela e lhe dá o peito e o calor que a criança procura, enquanto a própria criança vai aprendendo a respirar; caso contrário, ajuda-se com uma pequena massagem e começa a respirar pelo peito, ou seja, entra em contato com o tipo de respiração terrestre, e só então se corta o cordão.

Esse primeiro contato é intenso e é o momento no qual a mãe pode ver os frutos de todo o trabalho desenvolvido. Se for em casa, deve-se prevenir as condições para que não haja situações que não possam ser resolvidas ao nível ginecológico. Assim, o primeiro ato da vida foi vivenciado no casal, em simbiose e com amor, que são as condições que se pretende criar com esse tipo de trabalho, sendo fundamental a presença do pai, pois isso predispõe a um crescimento ativo e a uma maravilhosa vinculação emocional e energética entre o pai e o recém-nascido, que vai predispor ao desenvolvimento do amor por todo o resto de sua relação. Chega de excluir o pai de espaços que lhe pertencem e depois pedir atenção e afeto para o bebê e ajuda à mãe. Isso surgirá espontaneamente se, desde a gravidez, for dado ao pai o lugar que lhe cabe, às vezes ensinando-lhe qual é, para que possa recuperá-lo. Esta é outra tarefa muito importante da prevenção.

Maternagem e oralidade

Dentro do *continuum* que dá a base bios-somática para uma evolução unitária, e portanto visando à saúde, está o período pós-parto. Reich escreve em 1950:

> O nascimento e os primeiros dias são reconhecidamente o período mais decisivo do desenvolvimento. A maioria das depressões crônicas e melancólicas decorrem de um grave choque primitivo, assim como o desenvolvimento defeituoso da integração dos sistemas perceptivos, que são completados durante as primeiras seis semanas de vida, sendo os responsáveis pelo desenvolvimento de esquizofrenias e traços esquizóides.

A maioria dos autores que mencionamos inicialmente também localiza nesse período a gênese dos estados depressivos "endógenos", da psicose e de outros distúrbios funcionais e psicanalíticos. De acordo com Carballo, sabemos que *"no momento de nascer há três faltas de maturidade básicas: a do sistema nervoso, a imaturidade imunológica e a imaturidade enzimática"* (1972). E para haver integração e amadurecimento é necessário o contato epidérmico, a atenção constante da mãe, a amamentação natural acompanhada de uma instintiva interação entre a mãe e o bebê, ou o aleitamento artificial com amor, com substância. De acordo com Portman, concebemos o recém-nascido como um feto humano e, como tal, com todas as necessidades a serem atendidas. É por isso que falamos em organismo humano extra-uterino (OHE) (Serrano, 1988).[4] Continuamos, portanto, com o objetivo de proporcionar uma base ontológica e um terreno biológico e psíquico próprios para o estado de saúde e de autonomia egóica.

Durante o pós-parto, voltamos a insistir, o que há de mais delicado e traumático é a separação do recém-nascido do corpo da mãe. Separa-

---

4. Conceito que utilizo para o ser humano desde o primeiro dia de vida extra-uterina, ligado aos nove meses de vida intra-uterina. Momento em que, de acordo com Portman, termina o período fetal, e, portanto, mudam as suas necessidades biológicas, iniciando-se realmente o nascimento humano e o processo de autonomia-separação-individualização, nos termos de Mahler. Reich definiu esse período básico como "período crítico biofísico".

ção que, na maioria dos hospitais, é realizada logo depois do parto e se prolonga por algumas horas ou dias, segundo o estado da parturiente. Essa separação não pode ser vivenciada nem como uma experiência psíquica traumática nem como um mau parto ou uma má gravidez, mas, justamente porque não há capacidade de defender-se intelectualmente, o impacto não é freado pela área cortical, e sim pelo sistema neurovegetativo. Para não morrer, dá-se uma simpaticotonia, fruto da vivência de abandono, e se essa separação for prolongada chega-se à morte por marasmo.

Temos de partir de um princípio fenomenológico-chave: o que cria o estado de consciência é a dimensão espaço-temporal, que varia segundo os indivíduos e as idades. Assim, o que para um adulto representa existencialmente duas horas, para uma criança de três anos pode ser equivalente a 22 horas. E para um biossistema que ainda não tem estado de consciência, e portanto não diferencia o Ego do não-Ego, e fenomenicamente vive o corpo de sua mãe como prolongamento do seu e como fonte de prazer e de vida, a separação de algumas horas pode deixar uma marca traumática emocional, fonte geradora e de predisposição a conflitos psicossomáticos e funcionais no futuro. Será que não vemos e não sentimos o sofrimento e o desgarramento emocional dessas criaturas?

Há quem diga que as crianças "não sentem" (ignorância) ou que "logo vão se acostumar e parar de chorar" (deformação da realidade). Digamos, sim, que se resignam e perdem o vínculo biológico. Conhecemos atualmente a conexão entre a resignação caracterial e os processos degenerativos como o câncer. É por isso que se observa baixa resposta de protesto num recém-nascido que é separado da mãe — principalmente se tiver nascido por cesariana, sinal de que foi anulada sua possibilidade de "agressão", por uma excessiva e primitiva "inibição da ação", empregando um termo de H. Laborit; também é verdade, clinicamente falando, que o fato de ter passado por uma cesariana pode ser compensado ou suprido posteriormente com massagens e com um maior contato epidérmico com a mãe. Mas o que estamos analisando aqui não é a atuação em um caso particular, que é a lógica que sustenta a aplicação da teoria da psicoprofilaxia à orgonoterapia pré-natal (ver Pinuaga, 1991), mas sim as conseqüências gerais da ruptura do contato e do vínculo emocional energético com o ser que está nascendo.

Assim como a separação do corpo da mãe, há outros hábitos que anulam o contato e o vínculo: a tendência à higiene compulsiva, com os banhos do recém-nascido, que são gratuitos e até prejudiciais, fisiologicamente; as "roupinhas para ficar bonito"; a ruptura da intimidade e do encontro amoroso entre o recém-nascido e sua fonte biológica de vida, com as visitas familiares e os carinhos. Lembremos o que fazem os mamíferos com seus filhotes. Portanto, mais uma vez, é a atuação do ecossistema ou ambiente e a própria capacidade estrutural da mãe que vão marcar esse momento. Analisemos em detalhe esta tese.

Para favorecer o vínculo, deve-se proporcionar, depois do parto, um ambiente íntimo e tranqüilo, sem estímulos sensoriais e ajudando a atender as necessidades da mãe, para que esta possa dedicar-se por inteiro e ficar com o bebê. É novamente o pai quem tem aqui um importante compromisso para proporcionar as condições necessárias.

Por outro lado, para desempenhar sua função, a mãe deve ter tido algumas alterações neurohormonais que favorecem a saída do colostro, inicialmente, e depois, do leite. Conseqüentemente, deve sentir uma força e uma capacidade de entrega muito grande, o que nos leva a falar em certa alteração do estado de consciência, mudando os ciclos de sono-vigília, suas necessidades cotidianas, e sentindo um grande amor pelo bebê, que passa a ser, nos primeiros meses, quase seu único foco de interesse. É a partir desse prisma que tem sentido falar em "instinto maternal", como resposta pontual e funcional fisiológica, que ganha força durante todo um período e diminui conforme o OHE vai ganhando independência e autonomia, em termos biológicos. Mas poucas vezes se observa essa situação. Influenciadas por pediatras, meios de comunicação, suas mães e o meio social e pela própria estrutura da mãe, observam-se, no nível clínico e de acompanhamento, outras atitudes. Assim, mais uma vez dá-se a separação de funções. Vemos mães com forte secreção láctea e, ao mesmo tempo, com depressão pós-parto, isto é, sem contato e com uma alteração emocional. Isso acontece em algumas mulheres com estrutura psicótica (distúrbio hipotalâmico-hipofisário). Essa relação objetal predispõe ao assentamento do núcleo psicótico (hiporgonia) no OHE. Vemos mães que, por ideologia, ou por consciência de sua função materna ao nível cortical, querem amamentar seus filhos e têm pouca secreção láctea, durante pouco tempo; ou seja, a função neurohormonal está afetada pelo bloqueio cérvico-torácico-neuromuscular, que impede a expansão e dilatação necessárias para que o leite flua adequadamente, com a produção atrofiando-se progressivamente (em alguns meses). Isso pode ocorrer em mulheres com estrutura caracterial neurótica, favorecendo no OHE uma forte tensão anal e uma raiva oral, contida na tensão crônica do segundo segmento. E, por último, observamos mulheres nas quais, durante o tempo de secreção láctea, o bebê não quer o leite do peito, embora se observe que tomam desse leite de colherinha ou mamadeira.[5] Nesse caso, o bloqueio emocional, a falta de contato energético com o bebê e com sua própria função biológica (falta de aceitação de sua função materna) não chegam a anular a secreção, mas provocam a rejeição do organismo extra-uterino, o qual, numa clara resposta de resignação, procuraria uma fonte de prazer secundário, criando uma forte situação de ambivalência oral e o núcleo depressivo no OHE. Do prazer sexual oral atendido pela função sexual e alimentícia, ao prazer compensatório da ingestão para sobreviver. Observamos essa resposta em mulheres com estrutura caracterial *borderline*, que, mais uma vez, em termos dinâmicos, estão anulando sua fonte de prazer e de vida, pois, por sua incapacidade de contato, não chegam a sentir prazer em sugar e às vezes até, por não entrar em conflito, essa incapacidade de dar o peito é justificada com arrazoados como "prefiro dar mamadeira porque alimenta mais" ou, então, "assim logo vou poder deixá-lo com a minha mãe e voltar a trabalhar".

A partir dessas relações objetais, a resposta sexual do OHE fica atolada e sua economia energética, alterada, desenvolvendo-se o processo de estruturação caractero-muscular que limita a capacidade de prazer e predispõe à doença. Sendo dialéticos, conhecer a realidade nos permite conhecer meios para transformá-la, tendo um referencial de saúde que nos serve de objetivo. A partir das respostas do meio e da própria estrutura caracterial da mãe, podemos tomar medidas para promover o vínculo. Insistimos, mais uma vez, em trabalhar desde a vida intra-uterina e, concretamente, no pós-parto até um ano de vida, para promover um ecossistema que respeite a intimidade da díade e estimule a progressiva inclusão do pai ou substitutos afetivos. Se não houver mãe biológica, um homem e uma mulher com amor e entrega podem compensar parcialmente a sua falta, mas nunca substituí-la. A reivindicação sociotrabalhista de um ano de licença para a mãe e de três meses para o pai, junto com a existência de centros de assistência infantil e escolas infantis nos locais de trabalho, com um máximo de oito crianças, até três anos de idade, onde a mãe possa ter acesso para satisfazer às necessidades biopsicoafetivas, são medidas prioritárias.

Por outro lado, nós, profissionais, devemos estimular a estrutura familiar para que o recém-nascido vá ganhando seu próprio espaço, em termos psíquicos, elaborando os conflitos do casal e individuais,

---

5. Ver análise de A. Tallaferro em seu livro *Curso básico de psicoanálisis*, Paidós, 1976.

que surgem, tanto para a mãe como para o pai, em conseqüência das exigências e necessidades desse novo membro familiar. Devem ser veiculados os afetos e as emoções que isso causa, e favorecer o aleitamento materno, se houver condições biológicas, com liberdade de horário e "contato", se a mãe estiver receptiva à excitação genital que pode ser provocada pelo ato de chupar, como "relação amorosa". Vivenciando esse ato como fonte de comunicação, junto com tantos outros momentos de contato epidérmico que devem ser realizados, não mecanicamente (é típico dar de mamar assistindo à televisão ou conversando com as amigas), e sim como um ato íntimo de amor, pois é isso mesmo, pelo menos para o organismo humano extra-uterino (OHE). Não esqueçamos que chupar é fundamental, não somente por seus componentes fisiológicos, mas porque é fonte de prazer sexual oral para o OHE, portanto meio de regulação energética, por intermédio dos episódios de "orgasmo oral" — momentos isolados, mas muito intensos, em que o bebê pode chegar a ter convulsões em todo o corpo, conseqüência do reflexo orgástico — e que, segundo E. Baker,[6] "alguns pediatras chegaram a confundir com ataques epiléticos".

Progressivamente, a partir do terceiro mês, introduzem-se outros líquidos e, mais adiante, alimentos sólidos, que, junto com a participação cada vez mais ativa do pai junto à díade mãe-OHE, vão favorecendo o desmame natural, sem traumas, porque pode haver separação biológica, pouco a pouco, a partir do segundo ano de vida, e por intermédio do vínculo diádico que vem desde a vida intra-uterina, numa relação baseada no contato e na aceitação. O ato de mamar, que promove, entre outras coisas, o amadurecimento da função respiratória, do sistema imunológico e do processo de identidade do Ego, vai passando a ter a única função de satisfação sexual e, portanto, de regulação energética e meio de desenvolver a capacidade de pulsação biológica. Além disso, a criança, cada vez mais definida em sua identidade sexual, estimulada por sua necessidade de explorar o mundo exterior e de progressiva socialização primitiva, por meio do conhecimento de outros pequenos meninos e meninas, e com uma função assumida ativamente pelo pai, vai deixando de lado, de forma espontânea e sem necessidade de fazer nenhum desmame brusco e traumático, sua tendência a mamar. Até que, por volta de três anos de idade — sempre segundo a própria individualidade e características estruturais e as condi-

---

6. *BAKER, E. Man in the trap.* Nova York, Mac Millan, 1969.

ções da família — e de forma progressiva, procura fontes de prazer genital, entrando no período edípico, em que se dá a estruturação do psiquismo e do caráter, mais ou menos rígido e neurótico, dependendo das circunstâncias, deixando assim a fonte de sexualidade oral. Os distúrbios na fase oral, na melhor das hipóteses, forçam na criança o deslocamento libidinal para a zona anal (retenção da raiva), desenvolvendo-se o que Freud descreveu como fase anal, e que Raknes salientava, já em 1948, que não se observava em crianças que tivessem apresentado satisfação oral.

Por isso, para a prevenção da couraça, até os quatro ou cinco anos de idade, fazem-se sessões periódicas com os pais, quinzenal ou mensalmente (dependendo de como as coisas estiverem indo), em que são analisadas as dinâmicas familiares, tanto dentro da comunicação digital como na transmissão analógica (Watzlawick), e a observação caractero-muscular da criança, da couraça. Trata-se, fundamentalmente, de uma revisão temporal da situação da criança em relação aos pais, em sessões conjuntas e, se for necessário, uma ou outra sessão individual, sempre visando à autonomia caracterial à qual nos referimos.

A partir daí se desenvolverão muitos problemas que procuraremos solucionar nas consultas. Por exemplo, o problema da creche e de como combinar o trabalho, os cuidados da mãe e a creche. Ao nosso ver, a escolha da creche é muito importante, e o momento deve respeitar o ritmo e o desejo da criança — aproximadamente aos três anos. Problemas no relacionamento do casal, provocados pela chegada do "terceiro"; problemas de ansiedade da mãe que amamenta (Baker, 1969) etc. Esse acompanhamento é fundamental para concluir o trabalho iniciado durante a gravidez e preencher, o máximo possível, os objetivos de prevenção orgonômica, sabendo-se que constantemente vamos deparar com impedimentos sociais que limitarão os nossos objetivos, os quais deveremos enfrentar e tentar modificar, a partir de uma conscientização social.

A partir desse momento é fundamental também a função e a práxis do educador, do (a)professor(a) da primeira infância, e é aqui onde se tornam válidos e necessários os princípios de auto-regulação aplicados à escola, que a luta se amplia além da estrutura familiar, necessitando da ajuda dos profissionais, colaboração e apoio mútuo, tal como preconizado por Kropotkin.

Genitalidade infantil

Vimos, portanto, que existe uma evolução progressiva da sexualidade até a genitalidade, na forma de fases (oral primitiva, oral primária, oral secundária, fase genital infantil, fase genital adulta).[7] Se houver impedimentos, serão criados períodos ou etapas culturais reativas (anal, fálica, latência, reativação edípica na adolescência, sexualidade compulsiva no adulto). E, junto com essas etapas, o caráter e a doença ou desequilíbrio funcional. Não vamos falar agora nas alterações, e sim na saúde. Mas vale mencionar algo básico: o complexo de Édipo, como relação triangular, sempre existirá nesta sociedade, mas pode haver formas de vivenciá-lo com base na experiência do período pré-edípico nas relações familiares e sociais. Assim, a estrutura psicótica não desenvolve uma estrutura caracterial e, portanto, sua relação edípica será imitativa e referencial. A estrutura caracterial *borderline*, com uma forte base oral primária, viverá o Édipo condicionado pelas fixações orais e anais, o que lhe servirá, na melhor das hipóteses, para criar a capa caracterial. Na estrutura caracterial neurótica, com evolução libidinal, suas fixações orais e anais existentes condicionarão a vivenciar o Édipo como relação de poder, com a vivência do complexo de castração em ambos os sexos, desenvolvendo o caráter fálico-narcisista, histérico ou compulsivo-masoquista, com suas particularidades na conduta sexual.

Vejamos agora como vive a criança que pôde satisfazer sua sexualidade oral e começa a sentir seus genitais e a interessar-se pelo sexual corporal e genital, no período que vai dos três aos sete anos de idade.[8] Lembremos que W. Reich descreve essa idade como "uma primeira puberdade" e afirma a existência de uma genitalidade infantil, quando se cumprem os três elementos requeridos por ele (excitação, pulsão e desejo), inter-relacionados funcionalmente e dentro de uma dinâmica de auto-regulação.

Observamos que, nessa dinâmica de auto-regulação, há uma passagem do simbólico ao real e que a demanda sexual está ligada à sua sensação de órgão, neste caso, aos seus genitais e ao seu prazer corporal. Logicamente, isto é vivenciado primeiro na família. E é essa relação familiar que permitirá a superação da fase genital infantil, graças ao *Édipo Positivo Referencial* (EPR), uma vez que os pais estão pre-

---

7. Ver artigos do autor e de Maite S. Pinuaga na revista *Energía, caracter y sociedad* (vols. 6, 7, 10 e 11).
8. Ver artigos de Serrano de 1993 e 1994 na revista *Energía, caracter y sociedad*.

sentes com uma autoridade racional e não com autoritarismo, e que houve acesso ao sexual por espontaneidade e não por posturas reativas ou situações reprimidas, que lhe foram propiciados os meios de vivenciar seu desejo e sua pulsão (outras crianças), sem excluí-lo da relação familiar, que lhe proporcionará encontrar seu espaço. A sexualidade dos pais, vivenciada com espontaneidade e tranqüilidade, será o ponto de referência para sua própria práxis sexual, tanto nas brincadeiras como na realidade com outras crianças. Observamos também que esse processo não é necessariamente mais tardio na menina, dependendo do grau de repressão e das fixações genitais de cada criança.

Tratar-se-ia, então, de procurar meios para potencializar a relação infantil em atmosferas permissivas que — junto com a atmosfera afetiva e desinibida vivenciada na família — potencializem sua dinâmica sexual, vivenciando suas pulsões em seu mundo infantil, evitando assim a fixação edípica. Para tanto, é necessária uma estrutura familiar aberta e um ambiente social permissivo. Se essas duas variáveis se realizarem sem repressão, por economia sexual, a criança vai se apaixonar por seus amigos. Desse modo vemos que o incesto é um receio cultural, que não ocorreria se não houvesse repressão, carência e confusão. Nessa atmosfera neurótica, o tabu do incesto é necessário devido às inclinações e pulsões dos próprios pais. Por isso é fundamental que, no nível social, tome-se consciência da importância que tem, para o bom desenvolvimento da evolução sexual da criança, a possibilidade de modificar as tendências individualistas, de abrir o núcleo familiar, de respeitar realmente os desejos sexuais das crianças e de evitar tendências possessivas e/ou pulsões sexuais para com os filhos. *"Uma criança educada na companhia de outras crianças e sem influência da fixação dos pais desenvolveria uma sexualidade completamente diferente, sem fixações neuróticas"* (W. Reich).

Trata-se, portanto, de travar uma luta social — além da própria família, pois os mecanismos de negação do sexo, típicos da "peste emocional", se concretizam fundamentalmente em evitar e reprimir, de forma direta ou sutil, a sexualidade genital infantil nas escolas, na vizinhança etc. — e, ao mesmo tempo, proporcionar à criança a compreensão desses processos e a forma de defender-se deles, constituindo a "couraça genital flexível". É tão forte a influência dos grupos sociais (amigos, professores etc.) que, certas vezes, são as próprias crianças que podem pensar que têm uma família estranha e anormal e podem tender a se identificar com esses grupos, pela pressão social e pela necessidade de aceitação e reconhecimento, o que pode ser prevenido desde que haja uma relação familiar afetiva.

Dos três aos seis anos que poderá existir o "Édipo positivo referencial", assentando as bases para um caráter "genital" ou para a fixação edípica e, conseqüentemente, o caráter neurótico. Se houver o primeiro, o processo de funcionalidade do psiquismo culminará com a possibilidade de integração de conhecimentos vinculados ao prazer de conhecer e de trabalhar. Combinando — desde essa idade até a adolescência — períodos de forte desejo de atividade intelectual com períodos de forte atividade motora e sexual, devido ao fluxo energético céfalo-caudal oscilante, necessário para culminar o processo de estruturação do organismo, que finaliza com a funcionalidade neurohormonal na adolescência, não existindo, propriamente, o período de latência freudiano.

No segundo caso, gesta-se o assentamento do superego, com o processo de auto-repressão/sublimação reativa compensatória e normalização/adaptação ao social, com a conseqüente cisão entre pulsões genitais e ânsia de conhecimentos (segmento ocular e pélvico), típica do caráter neurótico, separando trabalho de prazer e substituindo a capacidade de contato (fluxo energético cefalo-caudal) pelos contatos secundários, gerando, em casos extremos, processos desadaptativos e quadros psicopatológicos. Ocorre o chamado período de latência estudado por Freud, o que vem comprovar, mais uma vez, que os estudos psicanalíticos têm como referência o estado de coisas normal da neurose caracterial, e não da saúde.

É igualmente nessa fase genital infantil que se estrutura o que Reich chamou de "fenômeno de funcionalidade psicossomática", quando ocorre uma total inter-relação entre os processos perceptivos psíquicos e os processos de excitação biofísica, e em que o psiquismo baseia-se, para seu funcionamento, na "sensação de órgão", base da existência de um Ego maduro que se oculta temporariamente numa "couraça" social flexível (caracterialidade genital). Em outras palavras, dizemos que é o período em que pode dar-se a *união entre a natureza (mãe) e a cultura (pai)*, sendo o momento em que se concretiza o processo de humanização (animal humano) ou desumanização (quando se perde o contato com a própria natureza), processo que começamos na vida intra-uterina e que é um claro *continuum*. Por isso, a ecologia humana e a salvaguarda do planeta têm suas raízes nesse processo de humanização que permite *sentir o cosmo*. Sentir o belo, sentir a natureza e ser, por instinto e não apenas por ideologia, incapaz de destruí-la.

APÊNDICE

Contato, vínculo, separação

Em síntese, podemos afirmar que, quando ocorrem "separações" forçadas pelo exterior — como uma gravidez sem "contato" emocional e vegetativo ou confusão que causa medo e encolhimento; um parto mecânico, frio e mais ou menos violento, com os rituais e parafernálias de higiene e assepsia pós-parto, com os períodos sem a mãe e com os conseqüentes "aprendizados" ou "forçados"; um desmame brusco; "aprisionamento" em creches, ou melhor, depósitos de crianças de menos de dois anos, onde se promove a resignação e a contenção emocional —, separações, no fundo, com o próprio processo organísmico e biológico do feto humano durante esse período biofísico e nuclear, estaremos predispondo ao desenvolvimento pessoas imaturas, com fortes carências encobertas ou compensadas, estruturas psicóticas, núcleos depressivos, distúrbios imunológicos e aos transtornos degenerativos ou dos tecidos. Favorecemos, portanto, organismos com uma base de dependência e submissão ou de compensação reativa, com todas as suas conseqüências, inclusive sociais: menor capacidade de crítica, tendência à submissão e ao despotismo.

Portanto, a continuidade *contato-vínculo-gratificação libidinal* orgástica, desde a vida intra-uterina, o parto e o primeiro ano de vida, permitem o assentamento de raízes do Ego que predispõem à saúde e ao desenvolvimento da estrutura humana genital, surgindo *funcional* e progressivamente a *separação e individualização*, dentro de uma estrutura familiar funcional e aberta, de forma progressiva, estruturando-se a identidade sexual ligada à estruturação e autonomia do Ego, até os seis/sete anos de idade; ao passo que, se esse processo se desenvolver na desfuncionalidade, gerará a estruturação caracterial e a couraça.

A alternativa preventiva para alcançar esses objetivos, com a conseqüente mudança social e cultural, passa por assumirmos, todos nós, profissionais que trabalhamos com as pessoas durante esse período de sua vida, o compromisso e a formação necessárias para a responsabilidade que esta tarefa implica: por meio da formação de equipes multidisciplinares, onde nossa práxis possa ter uma repercussão real e ser fonte de prazer e de transformação, unindo, como disse anteriormente, a práxis do orgonoterapeuta com a do pediatra, do obstetra, do educador, do jornalista, com a dos pais e mães desta sociedade sofrida e massacrada por séculos de repressão sexo-afetiva, sob o jugo de uma mentalidade dominante católica e patriarcal, apoiada pelo caráter rígido e masoquista da massa social, criando um pavoroso círculo vicioso difícil de romper e onde o discurso de Reich e da profilaxia orgonômica é um meio poderoso para romper esse estado de coisas.

Valencia, 1994

BIBLIOGRAFIA

ABRAHAM, K. (1924) "La influencia del erotismo oral sobre la formación del carácter".

AGUIRRE DE CÁRCER, A. (1985) *Preparación al parto*. Morata, 1985.

AJURIAGUERRA, J. (1986) *Sociología clínica del niño*. Instituto de Ciencias del Hombre, 1986.

AZNAR, C. (1988) "La asistencia primaria en la maternidad". In: Rev. *ECS* Vol. 4 (1 e 2).

BAKER, E. *Man in the trap*. Nova York, Mac Millan, 1969.

BEETSCHE, A.; CHARVET, F. (1978) "Psicología y psicopatología de la maternidad", Rev*ista de Confrontaciones siquiátricas*, nº 16.

BERGERET (1975) *Psicología patológica*. Torai, 1990.

BERNFELD, S. (1925) *Psicoanálisis y educación antiautoritária*. Seix. Barral, 1973.

BOWLY, J. (1976) *Vínculos afectivos*. Morata, 1986.

BOADELLA, D. (1990) *Currientes de vida*. Paidós. 1993. Publicado pela Summus Editorial sob o título *Correntes da vida*.

CARBALLO, R. (1952) *Cerebro interno y mundo emocional*. Labor.

——— (1972) *Biología y psicoanálisis*. Desclee de Brouwer.

CHADONOW, N. (1978) *El ejercício de la maternidad*. Gedisa, 1984.

DEMEO, J. (1989) *Manual del acumulador de orgón*. Valencia, Publicaciones Orgón, 1996.

DEUTSCH, H. (1960) *La sicología de la mujer*. Losada.

DRAGOTTO, F. (1983) "Parir y nacer, una unidad funcional". In: Rev. *ECS* (1991) (Vol. 12).

FERENCZI, S. (1924) "Thalasa, ensayo sobre la teoría de la genitalidad". In: *Obras Completas*, Espasa Calpe, 1981.

FERNÁNDEZ, I. (1994). *La Revolución del nacimiento*, Madri, Edaf.

FREIRE, P. (1979) *Pedagogia del oprimido*. Siglo XXI.

FREUD, S. (1926) "Inhibición, sintoma y angustia". Tomo III. In: *Obras Completas*, nova bibliog.

GESSELL, A. (1972) *Embriología de la conducta*. Paidós.

GONZÁLEZ, Y. (1988) "Estudio sobre la psicología del embaraço". In: Rev. *ECS* (Vol. 6,1).

——— (1990) "Salud, prevención y autoregulación" Rev. *ECS* (Vol. 8,2).

GREENACRE, P. (1945) *Trauma, desarrollo y personalidad*. Horme, 1960.

IMBRIANO, A. (1983) *El lóbulo prefrontal y el comportamiento humano*. Jims.

INTEGRAL, Equipe (1982) "Embaraço y nacimiento gozosos". In: *Monográfico Integral*, nº 4.

KERNBERG, O. (1976) *La teoría de las relaciones objetales y el sicoanálisis clínico*. Paidós, 1979.

——— (1979) *Desórdenes fronterizos y narcisismo patológico*. Paidós.

KITZINGER, S. (1991) *Nacer en casa*. Interamericana, 1993.

KLAUS-KENNELL (1978) *La relación madre-hijo*. Médica Panamericana.

LAING, R. (1982) *La voz de la experiencia*. Grijalbo, 1982.

LANGER, M. (1978) *Maternidad y sexo*. Paidós.

LEBOYER, F. (1974) *Por un nacimiento sin violencia*. Daimon.

LOWEN, A. (1972) *La depresión y el cuerpo*. Alianza Editorial, 1982.

——— (1958) *El lenguaje del cuerpo*. Herder, 1985. Publicado pela Summus Editorial sob o título *O corpo em terapia*.

LURIA, A. (1978) "Organización funcional del cerebro". In: *Fundamentos de Neurofisiología*. Siglo XXI, 1983.

MAEFARLANE, A. (1960) *Psicología del nacimiento*. Morata, 1970.

MARTÍN, J. (1990) *Paidella desde nuestra escuela*. Madri, Madre Tierra.

MARTÍN, P. (1943) "La educación económica-sexual". Rev. *ECS* (Vol. 7, 1), 1989.

MONTAGU, A. (1961) *La vida prenatal*. Troquet, 1966.

——— (1971) *El sentido del tacto*. Aguilar, 1981.

——— (1979) *El contacto humano*. Paidós, 1983.

MONTERO, M. (1988) "Aproximación al mundo sonoro intrauterino". In: Rev. *ECS* (Vol. 6,1).

———— (1991) "Contacto vegetativo y sensación de órgano", com R. Redón. In: Rev. *ECS* (Vol. 9,1).

MORELO BARBERÁ, J. (1980) *Parirás con placer*. Kairós.

NAVARRO, F. (1980) "La vegetoterapia prenatale", *ECS*, Guida.

———— (1985) *La somatopsicodinámica, Sistemática reichiana de la patología clínica y médica*. Valencia, Orgón, 1988.

———— (1988) "Las biopatías". In: Rev. *ECS* (Vol. 6).

———— (1993) "La sistemática de la vegetoterapia caracteroanalítica". In: Rev. *ECS* (Vol. 8,1) Publicaciones Orgón Valencia.

NEILL, A. S., *Summerhill*. Fondo de cultura económica.

ODENT, M. (1981) *Génesis del hombre ecológico*. Hacer.

———— (1982) "El final del asesinato de Cristo?". In: Rev. *ECS* (Vol. 1,2), 1983.

———— (1990) *El bebé es un mamífero*. Mandala.

———— (1990b) *El água, la vida y la sexualidad*. Barcelona, Urano, 1991.

PINUAGA, M. S. (1988), "La experiencia del embaraço. La orgonterapia pre-natal". In: Rev. *ECS* (Vol. 6,1).

———— (1988) "Estudios de control de Profilaxis Orgonómica en la primera infancia. In: Rev. *ECS* (Vol. 6,2).

———— (1988) "Asistencia orgonómica al parto". In. Rev. *ECS* (Vol. 6,2).

———— (1991). "La profilaxis orgonómica infantil en el paradigma reichiano". In: Rev. *ECS* (Vol. 9,2).

PORRAS, E. (1993) *Tócame mamá*. Edaf.

RAKNES, O. (1970) *W. Reich y la Orgonomía*. Valencia. Orgón, 1990. Publicado pela Summus Editorial sob o título *Wilhelm Reich e a orgonoterapia*.

RANK, O. (1924) *El trauma del nacimiento*. Paidós, 1972.

RASCOWSKY, A. (1971) *Niveles profundos del psiquismo*. Buenos Aires, Sudamericana.

REICH, E. (1978) "Infancia y prevención de las neurosis". In: Rev. *ECS* (Vol. 2).

REICH, W. (1932) *La irrupción de la moral sexual*. Homo sapiens, 1973.

———— (1934) "El análisis del carácter", duas primeiras partes do livro com o mesmo título editado pela Paidós em 1980.

———— (1936) "Experimentos sobre la sexualidad y la angústia: El orgasmo como descarga electrofisiológica" (Existe tradução em castelhano na biblioteca da EsTeR)

REICH, W. (1942) *La función del orgasmo*. Paidós, 1977.

——— (1945) *La Revolución sexual*. La Gabia, 1974.

——— (1948) "La escisión esquizofrenica". In: *Análisis del carácter*, Paidós, 1980.

——— (1948) *La biopatia del cancer*. Nueva Visión, 1985.

——— (1949) *El análisis del carácter*. 3ª edição, Paidós, 1980 (com uma terceira parte acrescentada ao original de 1934).

——— (1951) "Children of the future". *Orgone Energy Bulletin* (Há tradução em castelhano na biblioteca da EsTeR).

——— (1952) *Reich habla de Freud*. Anagrama, 1970.

——— (1953) *El asesinato de Cristo*. Bruguera, 1980.

RIBBLE, M. (1954) *Los derechos psicológicos de los niños*. Nova Terra.

SALERNO, E. (1964) *Ginecología psicosomática*. Paidós, 1968.

SCHMIDT, V.; REICH, W. 1979. *Sicoanálisis y educación*. Recompilação de artigos, Anagrama.

SERRANO, X. (1984) "Estructuración energética corporal, fases sexuales y vegetoterapia". In: Rev. *ECS* (Vol. 2,1).

——— (1987) "Vegetoterapia caracteroanalítica de la depresión". In: Rev. *ECS* (Vol. 5, 1 e 2).

——— (1988) "Perspectiva Orgonterapeutica de la vida intrauterina". In: Rev. *ECS* (Vol. 6,1).

——— (1988b) "Perspectivas Orgonterapeuticas del parto". In: Rev. *ECS* (Vol. 6,2).

——— (1989) "Perspectiva orgonterapeutica de la fase oral primária". In: Rev. *ECS* (Vol. 7,1).

——— (1990) "El diagnóstico inicial-diferencial-estructural en la Orgonterapia desde una perspectiva pos-reichiana". In: Rev. *ECS* (Vol. 8,2).

——— (1990b) "La orgonterapia y su proyecto profiláctico". In: Rev. *ECS* (Vol. 8,1).

——— (1990c) "Sistemática de la vegetoterapia caracteroanalítica de grupo". In: Rev. *ECS* (Vol. 8,2).

——— (1991), "La capacidad de contacto en las estructuras de carácter", com CASTILLO, J. In: Rev. *ECS* (Vol. 8,1).

——— (1992) "Psicoterapia breve caracteroanalítica". In: Rev. *ECS* (Vol. 10, 1 e 2).

——— (1993) "El complejo de edipo referencial en la fase genital infantil". In: Rev. *ECS* (Vol. 12).

SOIFER, R. (1973) *Psicología del embaraço, parto y puerperio.* Kargieman.

SPITZ, R. (1965) *El primer año de vida del niño.* FCE, 1984.

TALLAFERRO, A. (1976) *Curso básico de psicoanálisis.* Paidós.

TOMATIS, A. (1969) *El oído y el lenguaje.* Orbis, Barcelona. 1986.

TORRÓ, J. (1990) "El método del funcionalismo orgonómico". In: Rev. *ECS* (Vol. 8).

USANDIZAGA, J. A. (1993) "La urdidumbre afectiva en los albores de la vida", revista *Anthropos,* 141.

VÁRIOS AUTORES: Mahler e outros (1975) *El nacimiento psicológico del infante humano.* Marymar.

VERNY-KELLY (1982) *La vida secreta antes de nacer.* Argos Vergara.

WATZLAWICK, P. (1979)*Teoría de la comunicación humana.* Herder, 1979.

WINNICOTT, D. W. (1931-1956) *Escritos de pediatría y psicoanálisis.* Laia.

NOTA: A sigla Rev. *ECS* corresponde ao título da revista semestral da Escola Espanhola de Terapia Reichiana, *Energía, carácter y sociedad. La actualidad del paradigma reichiano.* É editada em Valencia por Publicaciones Orgón. Os volumes 6.1 e 6.2, de 1988, contam com dossiês centrais sobre "A vida intra-uterina" e "O parto"; o volume 7.2 é sobre "fase oral" e o volume 9.1 sobre "contato".

Será também recomendável a leitura dos livros de A. Neill, fundador da escola Summerhill, onde aplicou os princípios da auto-regulação à educação, colaborando intensamente com Reich nesse campo. E, em inglês ou em português, o livro de E. Baker, *Man in the trap,* Mac Millan, 1969.

SOBRE O AUTOR

Xavier Serrano Hortolano, psicólogo clínico e especialista em sexologia, realizou sua análise pessoal e sua formação como psicoterapeuta reichiano e orgonoterapeuta na *Scuola Europea di Orgonoterapia* (SEOr) [Escola Européia de Orgonoterapia], especializando-se em vegetoterapia caractero-analítica de adultos, nas modalidades individual e de grupo, tendo como didatas os drs. Federico Navarro e Piero Borrelli, ambos alunos e colaboradores de Ola Raknes (colaborador e amigo de Wilhelm Reich). Exerce sua especialidade principalmente em Valencia, desde 1980, na abordagem de distúrbios psicossomáticos, sexuais e psicopatológicos, bem como no campo de prevenção e desenvolvimento humano, atividade que combina com a de supervisor clínico e professor do programa de formação especializada da EsTeR e de outras escolas européias.

É diretor, desde a sua fundação, da *Escuela Española de Terapía Reichiana* (EsTeR) [Escola Espanhola de Terapia Reichiana] e da revista semestral *Energía, carácter y sociedad* (Energia, Caráter e Sociedade); didata da SEOr; presidente da International Federation of Orgonomic Colleges (Federação Internacional de Escolas Orgonômicas); membro da European Association of Body Psychotherapy (Associação Européia de Psicoterapia Corporal), da European Federation of Sexology (Federação Européia de Sexologia) do Comité Científico Internacional para la Terapía Psicocorporal (Comissão Científica Internacional de Terapia Psicocorporal), da Federación Española de Asociaciones de psicoterapía (Federação Espanhola de Associações de Psicoterapia) e da Sociedad Española de Psicoterapía y Técnicas de Grupo (Sociedade Espanhola de Psicoterapia e Técnicas de Grupo).

Leia Também

CARACTEROLOGIA PÓS-REICHIANA
Federico Navarro

Este livro retoma e amplia o discurso de Reich sobre a formação e a descrição do caráter, tendo como referência a experiência clínica pós-reichiana. O autor esclarece as definições de temperamento e caráter, descreve a caracterialidade vinculada aos bloqueios nos diferentes níveis do corpo e aos *actings* da vegetoterapia caractero-analítica, bem como os traços energéticos do corpo característicos de cada patologia. REF. 548

METODOLOGIA DA VEGETOTERAPIA CARACTERO-ANALÍTICA
Sistemática, semiótica, semiologia, semântica
Federico Navarro

Federico Navarro oferece aqui uma sistematização metodológica necessária aos terapeutas que atuam nessa área. Sua exposição é enriquecida por sua formação neuropsiaquiátrica e por sua experiência clínica, sempre mantendo uma perspectiva reichiana ortodoxa. Além da organização teórica proposta, o livro apresenta uma série de sugestões para a prática terapêutica. REF. 575

SOMATOPSICODINÂMICA
Sistemática Reichiana da patologia e da clínica médica
Federico Navarro

Este livro foi inicialmente apresentado sob a forma de dois volumes — *Terapia Reichiana I* e *Terapia Reichiana II*. Os conceitos básicos de Reich, vistos e desenvolvidos por Federico Navarro, encontram-se agora reunidos em um volume, facilitando o acesso do leitor. A edição foi revista e atualizada pelo autor. REF. 547

SOMATOPSICOLOGIA
Federico Navarro

Fugindo à dicotomia soma-psique e à redução de uma à outra, o autor oferece uma visão integrada das manifestações patológicas do ser humano. Desta maneira, procura fazer uma leitura mais abrangente dos conceitos de "normal" e "sadio". O livro oferece indicações preciosas seja para a prevenção, seja para uma abordagem terapêutica. REF. 576

NOS CAMINHOS DE REICH
David Boadella

O interesse cada vez maior sobre a vida e o trabalho de Wilhelm Reich é indiscutível. Neste livro, David Boadella, com sua capacidade de exploração e pesquisa, percorre a vida de Reich de maneira profunda e esclarecedora, apresentando-nos um verdadeiro tesouro de fatos e interpretações. REF. 208

ORGÔNIO; REICH E EROS
A teoria da energia vital de Wilhelm Reich
W. Edward Mann

O trabalho de Wilhelm Reich faz o ser humano voltar-se para a sua natureza física e retomar a importância que esta tem em sua vida e desenvolvimento. Este livro é o resultado dos estudos e pesquisas do autor sobre a teoria do orgônio e sua utilidade e, sem dúvida, uma contribuição para um melhor entendimento da energia vital. REF. 353

Impresso na

**press grafic
editora e gráfica ltda.**
Rua Barra do Tibagi, 444 - Bom Retiro
Cep 01128 - Telefone: 221-8317

--- dobre aqui ---

ISR 40-2146/83
UP AC CENTRAL
DR/São Paulo

CARTA RESPOSTA
NÃO É NECESSÁRIO SELAR

O selo será pago por

summus editorial

05999-999 São Paulo-SP

--- dobre aqui ---

summus editorial

CADASTRO PARA MALA DIRETA

**Recorte ou reproduza esta ficha de cadastro, envie completamente preenchida por correio ou fax,
e receba informações atualizadas sobre nossos livros.**

Nome:_____

Endereço: ☐ Res. ☐ Coml. _____

CEP: _____-_____ Cidade: _____ Estado: _____ Tel.: ( )_____

Profissão: _____ Professor? ☐ Sim ☐ Não Disciplina: _____

1. Você compra livros:

☐ em livrarias   ☐ em feiras
☐ por telefone   ☐ por reembolso postal
☐ outros - especificar: _____

2. Em qual livraria você comprou esse livro?

_____

3. Você busca informações para adquirir livros:

☐ em jornais   ☐ em revistas
☐ com professores ☐ com amigos
☐ outros - especificar:_____

4. O que você achou desse livro?

_____

_____

5. Sugestões para novos títulos:

_____

_____

6. Áreas de interesse:

☐ administração/RH   ☐ comportamento   ☐ holismo
☐ corpo e movimento   ☐ fisioterapia   ☐ educação
☐ saúde   ☐ fonoaudiologia   ☐ musicoterapia
☐ programação neurolingüística (PNL)   ☐ sexualidade
☐ psicologia - qual área? _____
☐ comunicação social - qual área? _____
☐ outras - especificar: _____

7. Gostaria de receber o Informativo Summus? ☐ Sim ☐ Não
8. Gostaria de receber o catálogo da editora? ☐ Sim ☐ Não

cole aqui

Indique um amigo que gostaria de receber nossa mala direta

Nome:_____

Endereço: ☐ Res. ☐ Coml. _____

CEP: _____-_____ Cidade: _____ Estado: _____ Tel.: ( )_____

Profissão: _____ Professor? ☐ Sim ☐ Não Disciplina: _____

Summus Editorial *Pensando em você*

Rua Cardoso de Almeida, 1287   05013-001   São Paulo   SP   Brasil Tel (011) 872 3322   Fax (011) 872 7476